谨以此书献给所有不甘于平凡的人

不论你在什么时候开始，重要的是开始之后不要停止；不论你在什么时候结束，重要的是结束之后就不要悔恨。

员工软实力，职场硬道理

员工软实力自我提升与塑造

王晓联　常　桦◎编著

硬实力是生存的基础，软实力才是胜出的关键。

中国言实出版社

图书在版编目(CIP)数据

员工软实力自我提升与塑造/王晓联,常桦编著.
—北京:中国言实出版社,2011.2
ISBN 978-7-80250-407-3

Ⅰ.①员… Ⅱ.①王… ②常… Ⅲ.①企业—职工—职业道德 Ⅳ.①F272.92

中国版本图书馆 CIP 数据核字(2010)第 228683 号

出版发行 中国言实出版社
地　址:北京市朝阳区北苑路 180 号加利大厦 5 号楼 105 室
邮　编:100101
电　话:64924716(发行部)　64963101(邮　购)
64924880(总编室)　64914138(四编部)
网　址:www.zgyscbs.cn
E-mail:zgyscbs@263.net

经　销 新华书店
印　刷 北京毅峰迅捷印刷有限公司
版　次 2011 年 3 月第 1 版　2011 年 3 月第 1 次印刷
规　格 710 毫米×1000 毫米　1/16　15 印张
字　数 200 千字
定　价 32.00 元　ISBN 978-7-80250-407-3/F·334

前言

Preface

在职场中，每个人都希望自己能拥有实力，能在激烈的竞争中脱颖而出。但现在是职场软实力的时代了，你必须要有对“实力”的重新认识，才能有与众不同的表现。一个人的实力主要由硬实力和软实力两部分组成。学历和专业技能是硬实力，而态度、经验、人脉、个人形象等是软实力。

如今职场中有些员工自命不凡，眼高手低，言行脱节，说起来头头是道，做起来捉襟见肘，甚至吃不得半点苦，耐不得半点劳，责任感缺失，对工作漫不经心，不懂得待人接物的基本礼仪……这样的员工难以得到企业的青睐，即使已有一定的岗位，也会自己封杀了自己的发展空间。

求职者在步入职场时都盼望能有一本“职场宝典”，其实真正的“职场宝典”就在求职者自己身上，不仅求职时可以借其胜出，谋得职位后也能借其发展，而这个“职场宝典”，恰恰就是求职者的“非智力因素”——软实力。

个人软实力是指一个比较难以衡量的变量性层面。个人的硬实力相近于人的生存能力，而人的软实力则近似于人的心理承受能力及生物学能力的综合。个人的健康与否、长相优劣、家庭经济背景等是硬实力，而思想状况、思考能力、知识面、语言表达能力等则是软实力的具体体现。

个人的软实力一般包括执行力、学习力、交际力、合作力、沟通力、意志力、影响力、自信力、创造力、发展力、应变力和服务力。讲解这些软实力，期望能给希望在职场上有所成就的员工以切实有效的帮助。

平庸与卓越的区别其实很简单，就看有没有自我经营发展的能力。事业上的成绩和人生的成功都来自于自我能力的完善，优秀的员工把自己当企业一样去经营、开发，时刻不忘提升自己的能力。他们立足岗位，修炼自我，用能力创造业绩，用业绩推动企业的发展。

工作是一个施展自己才能的舞台。我们的应变力、决断力、适应力以及协调力都将在这样一个舞台上得到展示。除了工作，没有哪项活动能提供如此高度的充实自我、表达自我的机会，以及如此强的个人使命感和一种活着的理由。是什么成就了优秀的员工？是卓越的工作理念，强劲的工作势头，优秀的服务能力，高效的沟通力，卓绝的执行力，严格的自我管理能力以及团队协作等能力。如果你觉得自己还不够优秀，或想进一步提升自己的业绩，那么办法只有一个，就是不断地自我完善，从而提升自己的软实力。

本书为企业员工提供了软实力的修炼指南。日常工作中遵循这些修炼要旨，可以让你在不知不觉中跻身优秀员工之列。全方位的软实力修炼必然打造全面的高度职业化的优秀人才。正确的工作观、工作中的事业心、优秀的职业精神和高情商等内在素养的修炼，能够让你具备成功人士不可缺少的软实力；卓越的工作能力，高效的沟通力，优秀的服务力、合作力、学习力以及出色的社交能力，可以使你具备在职场上高人一筹的本领；另外，人脉拓展力、职业形象塑造力、健康管理等能力的修炼，更能使你在日常工作中游刃有余。

目录
Contents

第三章 交际力：合作共赢的捷径

不少人走上职场后，发现自己的能力并不差，却工作得并不很顺畅，而且看不到上进的希望；而有些人看起来能力并不比自己强，却生活得非常滋润，而且职场人生十分顺利。这其中的原因固然很多，但是交际力的强弱是其中的一个十分重要的原因。马上行动起来，与周围的人们建立并保持一个和谐的友好关系，你就会立刻拥有一个好人脉，成功与辉煌就会离你很近！

第四章 合作力：职场凝聚力的黏合剂

如今的时代，单打独斗无法给自己带来成功，任何成功都不会是孤立产生的。即使聪明绝顶的人，也离不开他人的支持。一个人的力量有多大，不在于他能举起多重的石头，而在于他能够获得多少人的帮助。没有人可以独自成功，要想有所成就，就必须懂得如何与他人合作，取他人之长补自己之短。借助团队的智慧，让众人的力量成就你非凡的辉煌！因此，不管你做什么事，都会以某种方式与别人发生着关联。协作产生的合力不可估量。协作播下友谊的种子，收获丰硕的果实。

第五章 沟通力：处理人际关系的最佳途径

沟通力是现代人必备的重要能力，它是人与人之间进行信息交流的能力。沟通能力越强，对人们来讲，就越能进行有效的合作；就越有利于交流与合作，越有利于企业的长远发展。因此，沟通力是人们必备的能力之一。

第六章 意志力：蕴藏在人体内的神奇品格

在人生的道路上，一些人聪慧过人，并接受过良好的教育，却事事失败；而另外一些人资质平平，命运坎坷，受教育的机会也较少，却最终走向成功。这是为什么呢？也许，意志力的差异可以解释这些。意志力是一个人品格和成就的体现。坚强的意志，会引导一个人在伟大目标和高尚动机的激励下，在理念与智慧的指引下，积极行动。凡是拥有强烈意志的人，一定是那种积极的、有建设与创造本领的人。每个人都想拥有成功，希望成就一番事业，但真正能做事、成事的，却只有那些怀有强烈意志或意志坚强的人。

第七章 影响力：改变他人思想行动的才能

影响力指的是用一种为别人所乐于接受的方式，改变他人的思想和行动的能力。它表明了一种试图支配与统帅他人的倾向，从而使一个人采取劝说、说服甚至是强迫的行动来影响他人的思想、情感或行为。无论是观点的陈述，障碍的扫除，还是矛盾的化解，风险的承担，具备影响力的人都会以愿望或实际行动的方式推动其达成或实现。

第八章 自信力：生活和事业长青的基石

自信是人立足社会的精神支柱，是人生不断求索和创造发展的动力。失败者往往不是被打败，而是自己放弃了成功的希望。没有办不成的事，只有甘于失败的人，自信是成功者和失败者的分水岭。自信是成功的第一秘诀，是人格的核心力量。自信能使人产生奋斗的力量和拼搏的毅力，能给人取之不尽、用之不竭的才干，使不可能成为可能，使可能成为现实。自信力作为一种强大的内在精神力量，是对自我能力和价值的充分肯定，其对个人成长、事业成就、人际交往、爱情婚姻等都有着基础性的支撑作用，是影响人生成败的首要因素。

第九章 创新力：事业腾飞的引擎

这是一个充满竞争的年代，拥有一个职位不容易，保住一个职位就更不容易了。然而，事实上，要想真正地在企业中拥有自己的一席之地，就必须创造性地工作，最大限度地提高自己的竞争力，这样才能真正持久地行走的职场上。因此无论是正要走上职场的大学生，还是已经走上职场的员工，都需要创造力，因为这是职场可持续发展的关键能力。

第十章 发展力:战胜逆境提升自我的关键

任何一个人在职场中都不可能是一帆风顺的,工作中遇到各种各样的困难在所难免。问题是面对困难应该如何解决,这才是人们所应该关注的。要明白在逆境中如何获得发展,要明白职场中的不良情绪是要不得的。要不断提升自己,时刻做一个有准备的人,这样才能获得发展。发展力是面临困难,毫不畏惧,积极面对,迎刃而解。因此,拥有发展力,是战胜逆境提升自我的不竭动力。

第十一章 应变力:创造非凡业绩的妙方

一个人成败的关键,往往在于在紧要关口能够灵机一动。善施计谋巧应变,以奇招绝技化解难题。在现实中,应变是一种艺术,一种快乐和幸福;在工作和事业中,应变是一门学问,是一种智慧和谋术。应变决定成败,应变成就辉煌。

第十二章 服务力：企业生存和发展的灵魂

我们正在步入一个服务经济的时代。相信每个人都能深刻地体会到，我们的工作、生活与服务越来越息息相关，服务正成为推动社会财富与经济增长的重要动力。企业的竞争力最终是要由一个个员工来体现的，如果每个员工都能提供最优质的服务，那么企业肯定能够战胜竞争对手，一定会拥有越来越多的客户。

第一章 执行力:提升工作效率的秘宝

一个人拥有强大的执行力,对于企业来说是非常重要的,因为这是把企业的愿景、战略、规划转化成为直接效益和成果的最有效的保证。再远大的目标,再好的项目,再英明的领导,如果没有员工的强大执行力,那么一切都是空谈。因此,任何一个企业都十分重视员工的执行力。

1 态度决定执行力度

执行力的强弱往往就取决于个人能力和工作态度。在这里,能力是基础,态度是关键。我们经常可以看到这样一种现象:在同一个企业里,做着同样的工作的人,多年以后,有的人被炒了鱿鱼,有的人仍旧做着同样的工作,有的人却能不断的进步,在企业里的薪水和地位日益提高,成为不可或缺的人物。是什么使一些人平庸,而使另一些人优秀?其实,就是态度!

许多年前,一个年轻人来到一家著名的酒店当服务员。这是他涉世之初的第一份工作,因此他很激动,自己也暗下决心:一定要竭尽所能,不辜负父母的期望。

可没想到的是,在接受新人培训的期间他竟然被安排洗马桶!当他听到这个消息后,他开始对工作变得心灰意冷来,甚至一蹶不振。

然而,就在这个关键时刻,有一位老同事出现在了他的面前,这位同事什么话都没有说,而是拉着他来到了马桶旁,亲自把马桶洗了一遍示范给他看。

在洗干净之后,更让他不可思议的一幕出现了,这位同事从马桶里盛了一杯水,当着他的面一饮而尽!这位同事要用实际行动告诉他:经他洗过的马桶,不仅外表光洁如新,里面的水也一定是最清洁的。

从此,这个年轻人就像脱胎换骨换了一个人一样,每一次的工作都达到了无可挑剔的水准。终于有一天,当酒店再一次招进新人时,他也当着接替自己工作的新人的面,从自己洗过的马桶里盛了一杯水,连眉头都没皱一下地喝了下去。他就是世界旅馆业大王希尔顿。他的那句话也成了现代职场上的至理名言:"就算一辈子洗马桶,也要做一个洗马桶最出色的人!"

对于企业而言,有时执行力的强弱取决于人的能力,但有时也取决于人对工作的态度。积极的工作态度就像汽车的油门,只要用力踩下去,便会产生巨大的冲力,推动我们不断向前。

有一群小孩正在公园里玩军事游戏,其中一个小孩被派为哨兵站岗,另一个小孩则扮演了军长,他"命令"演哨兵的小孩没有他的允许不准擅自离开。于是,这个"接受"了上级"任务"的小孩便一直在那儿站着。

后来,玩累了的孩子们都回家去了,竟然把他一个人给忘在了公园里"站岗"。天越来越晚了,"站岗"的小孩就哭了起来。

这时,公园管理员循着声音找到了还在那里"站岗"的这个小孩,要他赶紧回家去。但没想到的是,小孩虽然哭得很伤心,却一直站在那里不肯离开。他对公园管理员说:"我是士兵,我要服从军长的命令,军长要我不得擅自离开,我不能走!这是我的职责!"

管理员也被小孩给说得愣住了。随即,他想了想,便站直了身子,正色道:"士兵同志,我是司令员,我现在命令你马上回家去。"小孩"接受"完上级的"命令",这才高高兴兴地回家去了。

执行力是一种能力,也是一种态度,有什么样的态度就会有什么样的执行力。很多时候,学历高的人往往想法太多,聪明过头,不但光说不练,而且瞻前顾后,遇到问题总是为自己找退路,结果很多事情都是半途而废。而学历低的人则不是这样,他们知道自己没有退路,必须服从命令,听从指挥,所以他们逼着自己往前冲,最后反而成功了,执行力反而变得更强。其实,这就是由于态度不同所带来的结果的不同。

事实证明,工作没有贵贱,但工作态度却有高低的区别。一个人对工作采取什么样的态度,就决定了这个人会得到什么样的结果。态度积极的人对工作投入的心血多,自然就能从工作中获得的回报多。相反,那些对工作不重视、轻视工作的人对工作的付出就会很少,自然也就不会得到相应的回报了。

态度就是一切,积极的态度就是企业前进的助推器。所谓执行力,指的就是贯彻战略意图、完成预定目标的操作能力，就是对工作认真负责的态度。

2 没有执行力就没有竞争力

执行力对于个人、对于企业、对于任何一个组织乃至国家来讲，都是一种竞争力。打造执行力的目的只有一个：塑造核心竞争力。要懂得客户的价值，懂得专注，懂得放弃，才会有真正的执行力和竞争力。

一家国有企业破产，被日本财团收购，厂里的人都翘首盼望着日方能带来让人耳目一新的管理办法。出人意料的是，日本人来了，却什么都没有变，制度没变、员工没变、机器设备没变，日方就一个要求：把先前制定的制度坚定不移地执行下去。不到一年，企业就扭亏为盈。日本人的绝招是什么？执行，无条件地执行。

只有战略并不能让企业在激烈的竞争中脱颖而出，执行力才能使企业创造出实质的价值。失去执行力，企业就失去了生存和成功的必要条件。没有执行力，就没有核心竞争力。

企业在发展过程中会遇到很多问题，首先需要解决的是执行力不强的问题。执行力不强主要表现为：不能将好的思路落实于具体执行时间表上，导致好的思路和策略成为空谈，安排工作不到位，执行任务拖拖拉拉，执行过程敷衍了事。执行力低下是企业管理中最大的漏洞，再好的策略只有成功执行后才能够显示出价值。

企业经营成败的关键在执行。企业执行力差，将直接导致企业经营理念贯彻不力，经营目标大打折扣，更重要的是会削弱管理者、员工的斗志，破坏工作氛围，影响企业的整体利益。长此以往，它将断送企业的前程。

作为公司的一员，员工在工作中应当严格执行公司下达的每一项任务，严格复命，不打折扣，应想尽办法、竭尽全力把任务完成，培养“一步到位"的执行精神,强化执行品质和效果。员工的执行力,决定着企业是否是一个好的团队,是否是一个执行有力的团队。做一件事有好的决策未必有好的结果,如果执行得不好,这个结果可能就是不好的。由此可见,执行力是企业竞争力的重要保证。

成功的执行者必不可少的一个素质就是,他们能够针对具体环境巧妙设计出解决问题的细节,这些细节体现着一个人处理问题的原创性和想象力,因而也是这个时代最稀缺、最宝贵的东西。企业很难靠战略取胜,因为战略是同质而且是易于复制的,差别恰恰就在于执行能否到位。追求卓越也好,卓尔不群也好,关键在于对细节的把握。所以,在员工的心中应该牢牢地记住:执行是最重要的,执行力就是竞争力。

3 有执行力的人不会逃避责任

无论生活中还是工作中,敢于承担责任都是一种永远不会褪色的光环。这种责任心就是对事情敢于负责、主动负责的态度,就是做好一切工作的首要条件,它是每个人都应该具有的一种基本素质,更是做好一件事情所必须的条件。

在执行力上,责任心的大小就决定了执行力度的大小,责任心的强弱也决定了执行效果的强弱。许多企业由于执行力不强,致使制定了一个好的战略没有取得好的绩效,这正是由于企业各层管理人员和员工在执行中没有负起责任所导致的结果。

2004 年,吉林市中百商厦发生特大火灾,造成 100 多人死伤的重大事故,其经济损失是难以估量,而且对社会的负面影响也是难以用数字来形容的。那么,导致这场特大火灾的直接和间接原因是什么呢?

经事后查证,其原因有三:一是火灾是由中百商厦雇员于洪新在仓库吸烟所引发;二是在此之前,中百商厦未能及时消除火灾隐患,消防安全措施也没有得到落实;三是火灾发生当天,值班人员又擅自离岗，致使民众难以及时疏散，最终酿成了悲剧。从这三方面来看，可以说无一不涉及到员工的责任心问题。

在很多企业运营中，都普遍存在着这样一些熟视无睹的现象：在企业内部，公司的决策、制度、近期业务方向，重点主管层都不熟悉、不了解、不清晰，到了员工层面，操作方式更是五花八门，杂乱无章；在企业外部，从企业品牌、企业文化、产品、服务等，也是政出多门，没有统一、规范、标准的传播口径，更是你吹你的号，我弹我的调！

员工缺乏责任心的根源还是在于领导者。由于管理者不知道该如何体现和增强员工的责任心。之所以出现这种现象，主要由于管理者的管理经验少，智慧不够，思维能力不足所造成。

领导一懈怠，员工也就会跟着懈怠了。因此，要想把工作做好，从管理者到员工提高责任心就是最关键的。

责任感是工作态度，更是一种品质，是一种追求。要提高执行力，就必须树立起管理者和员工强烈的责任意识，克服掉不思进取、得过且过的心态，决不容许出现消极应付、敷衍塞责、推卸责任的现象，把工作标准调整到最高，精神状态调整到最佳。

成功的管理者必须让下属也能主动承担责任，不断提升绩效。下属的素质不高不是你的错，但下属的能力提升不快，一定是你的错。管理者要经常梳理自己的经验，使其格式化、规范化、标准化，能够被成功复制，让部属学得更快、用得更顺、做得更好。

有一位年轻的护士第一次担任手术室责任护士。完成手术后，外科大夫正要缝合伤口时，她对外科大夫说："大夫，你只取出了11块纱布，可我们用了12块。"

"我已经都取出来了，"外科大夫断言说，"我们现在就开始缝合伤口。"

"不行！"年轻护士阻止说，"我们用了12块。"

"由我负责好了，"大夫严厉地说，"缝合！"

年轻护士激烈地抗议说："你不能这样做，我们要为病人负责!”

大夫微微一笑,举起他的手让年轻护士看了看第12块纱布,然后称赞说:“你是一位合格的护士。”显然,他是在考验年轻护士是否具备强烈的责任感。

责任心是做好所有工作的前提。有了责任心,再危险的工作也会把风险减到最小。没有责任心,再安全的岗位也会出现险情。俗话说:“润物细无声。”责任心缺失不一定会马上危及企业的生存,但日积月累,往往就注定了企业的命运。所以,管理者的任务就是,让员工把责任意识转化到行动中去。

4　专注是执行力的集中体现

成就一番事业,实现人生价值,是所有有志者的追求。然而,通向成功的道路往往并不平坦,影响成功的因素复杂多样。现实生活中常常会看到这样的情形:有的人对学业、工作、事业专心致志、不懈努力,不受外界诱惑的干扰,扎扎实实地向着既定目标迈进,最终获得了成功;而有的人却耐不住寂寞、经不起诱惑,好高骛远、见异思迁,对学业、工作、事业缺乏一种执著精神,结果是一事无成。无数事实证明,专注是走向成功的一个重要因素。

有一次,奥地利作家斯蒂芬·茨威格去乡下探望好朋友、著名雕塑家奥古斯特·罗丹。在简朴的工作室里,罗丹兴高采烈地介绍自己的新作——一个女性半身像。他仔细地审视着这幅作品,对旁边的茨威格说:“只有那肩膀上的线条还显得有些僵硬。”说着说着,罗丹顺手拿起一把小刀就开始摆弄起这座雕像,自顾自地干了一个多小时,把身边的茨威格忘得一干二净。除了理想中的雕像外,他脑子里再也装不下任何东西,工作就是他存在的唯一理由。终于,完美的雕像诞生了,大功告成!然后,罗丹心满意足地朝门外走去,却突然发现了一直耐心等待的客人。他觉得非常过意不去，连忙向客人道歉："对不起，我把你忘记了。"虽然被冷落了一个多小时，茨威格却感叹道："我在这一天的收获，比在学校几年的收获还大。我从来没有见过一个人可以如此专注地工作，甚至忘了时间和整个世界，这太让我感动了。在这短短一个小时里，我懂得了成功的秘诀——专注。只要我们全神贯注地工作，无论大小，最终一定会成功。"

专注就是集中精力，全神贯注，专心致志。一个专注的人，能把自己的时间、精力和智慧全都集中到自己的目标上，最大限度地发挥自己的积极性、主动性和创造性，竭尽全力实现自己的目标。专注与否，是执行能力的分水岭，直接影响执行能力的高低。

专注的可贵之处，在于耐得住寂寞，经得住时间和困难的考验，勇往直前，直至取得成功。古往今来，成功者一定是专注的人。从他们的亲身经历中，我们可以得到这样的启示：每次只专注于一个目标，比同时专注几个目标更容易成功。尤其是在如今这个竞争激烈的社会中，专注精神对每一个员工来说都必不可少，这是取得成功的必要条件。

败也专注，成也专注。虽然专注的代价可能不仅是放弃很多宝贵的机会，还意味着遭遇任何困难都要迎难而上，但这样会让我们离成功更近，有所成就。

专注一时者众，而专注数载者寡。许多大事之成，不在于力量大小，而在于坚持多久。专注乃是一种精神、一种境界。把每一件事做到最好，咬定青山不放松，不达目的不罢休，就是这种精神和境界的反映。一个专注的人，往往能够把自己的时间、精力和智慧凝聚到所要干的事情上，从而最大限度地发挥积极性、主动性和创造性，努力实现自己的目标。特别是在遇到诱惑、遭受挫折的时候，他们能够不为所动、勇往直前，直到最后成功。

5 自动自发地执行

在职场中,我们会发现,有许多人不主动,非要等到老板督促才去解决问题,他们信奉少做少犯错。但是自动自发的员工就不需要老板的督促,而是自己主动发现问题,主动解决问题。

不需老板督促的人,将会获得更多奖赏。如果只有在老板注意时才有好的表现,那么你永远无法将事情做好。如果你对自己的期望比老板对你的期许更高,那么你就无需担心会不会失去工作。同样,如果你能达到自己设定的最高标准,那么升迁晋级也将指日可待。

积极主动地发现问题解决问题,而并非等老板来督促才做,这样会让你对待工作更加积极主动,也让你获得比别人更多的机会。

詹尼斯在国际贸易公司上班,他很不满意自己的工作,愤愤地对朋友说:“我的老板总是对我吹毛求疵,他总是说我做得不好,而且还说,我只有在他的监督下才能做得好。改天我要对他拍桌子,然后辞职不干。”于是他的朋友对他说:“是不是老板不在,你就很放松呢?”

“那当然了,谁不是这样?”

“如果你总是在老板监督下才干活,那么你现在辞职走了,轻松的是不是老板?”

“大家都是这样。”

“我建议你好好地把公司的贸易技巧、商业文书和公司运营完全搞通,甚至如何修理复印机的小故障都学会,成为公司不可或缺的入,那么你再看看老板是不是还是那样的督促你。如果他还这样,那么你就拍桌子走人。你用他们公司做免费学习的地方,什么东西都学会之后,再一走了之,不是既有收获又出了气吗?”

詹尼斯听从了朋友的建议,从此便默记偷学,下班之后,也留在办公室研究商业文书。一年后，朋友问他："你现在许多东西都学会了，可以准备拍桌子不干了吧？"詹尼斯不好意思地说："可是我发现近半年，老板对我刮目相看，也不再监督我了，最近更是不断委以重任，又升职，又加薪，我现在是公司的'红人'了！"

在老板的监督下工作是一种压力，尽管也可以完成任务，但是，却难以赢得主人的赏识。被迫与主动之间的区别看起来很简单，除了自我感觉之外，结果完全相同——任务是必须完成的，尽管事实并非如此。

不需要老板督促，时时刻刻地以事业心做工作的人，会成为老板最放心的人，这样的人会成为老板的左膀右臂。如果你也有类似的经历，那么反省一下自己，老板总是不信任你，督促你，是因为你的能力不足，还是因为你不能主动执行。

从事一份职业，都应该精通它，下决心掌握自己职业领域的所有问题，而且还要努力使自己变得比他人更加精通。这是在增加自己的财富，而不是简单地为了老板获得他的一己之利。我们要养成不用老板督促的工作风格。因为它能带领普通人向更好的方向前进，更能鼓舞优秀的人追求更高的境界。

优秀的员工在工作中不但要主动执行，还要自动自发。具有积极思考能力的人，在任何地方都能获得成功。那些消极、被动地对待工作，不能完全发挥自己主动性的员工，是不会受到公司欢迎的。当一个人能够积极主动地对待工作的时候，他就会发现工作给予他的还有很多的附加价值，那完全不能用荣誉、名利来概括，那将是你一生的财富。

如果你永远不用老板督促而能主动工作，你就会得到他人的称许和赞扬，就会赢得老板的器重，同时也会获取一份最可贵的资产——自信，对自己所拥有的才能赢得个人或者机构的器重的自信。

如果你每天只是按时完成老板交代的工作，除此之外并没有发挥自己的积极性与主动性，那么，在老板眼里，你只是一台工作的机器，是一个需要不断监督的人。优秀的员工总是能够想老板所想，急老板所急，不需要老板监督的人。因而，在老板看来，他的贡献要远远大于前者。因此，如果你总是不得不受到老板的监督，那么你就可能是一台工作的机器。

优秀的员工常常是当别人还没想到，你已经想到了；当别人已经想到时，你已经在做；当别人在做时，你已经做得不错；当别人做得不错时，你已做到最好；当别人做得跟你一样好时，你已改换跑道在做其他的事了。

许多人都抱着这样一种想法：我的老板太苛刻了，根本不值得我为他工作。这样的人一定是最需要老板监督的人。他们忽略了这样一个道理：工作时虚度光阴会伤害你的雇主，但受伤害更深的是你自己。一些人花费很多精力来逃避工作，却不愿花相同的精力努力完成工作。他们以为自己骗得过老板，其实，他们愚弄的只是自己。老板或许并不了解每个员工的表现或熟知每一份工作的细节，但是一位优秀的管理者很清楚，努力最终带来的结果是什么。可以肯定的是，升迁和奖励是不会降落在玩世不恭的人身上的。

在公司里，那些不论老板是否安排工作，自己主动去找事干的员工，那些交给任务、遇到困难后不会提出“怎么办”的员工，那些主动请缨、排除万难、为公司创造利润的员工，都是优秀的。他们与那些抱有马马虎虎、漠不关心的工作态度，除非在公司的规章制度压迫下才能把事情办成的被动者相比，确实有着天壤之别。现代公司里，老板迫切需要的是那些主动执行者。

做工作，不需要老板的监督，端正了自己的工作态度，也就为自己提出了更高的工作目标。优秀的员工总是积极地投入工作，使自己成为一名职业修养和个人能力都强的员工，更好地实现自己的人生价值。

6　追求完美的执行力

一个员工的执行力的高低，不仅要看他的执行能力，更要看他的执行毅力，和坚持到底的决心。一个优秀的员工，跟普通员工之间最大的区别在于，一个是完成工作即可，如果工作中遇到困难，他随时都有可能停下来；一个是不管是在什么情况下，他都会很努力地工作，他会想尽一切办法克服困难,把工作做到位,力求完美。

戴尔公司是全球著名的公司,它的个人电脑销售业绩和销售文化是有目共睹的。戴尔公司究竟有什么样的成功秘诀呢?

有一个青年人住在一个偏僻的胡同里,一次,他想购买一台电脑。他本想自己去购买的。他的朋友说,戴尔公司在提供上门服务,而且速度快,服务质量服务态度也非常好。他便有心想试一试这家公司到底怎么样。于是,他便漫不经心地拨通了这家公司的销售电话,告诉对方自己对电脑的要求和自己的住址后,便和朋友们聊天了。他以为,一时半会儿,戴尔公司是不会来人上门服务的。

没想到仅仅一个多小时后,他们家的门铃响了,是戴尔公司上门服务的销售员。他很吃惊,这么快就服务上门了,看来戴尔公司的服务速度就是快。然而,还不知道他们的服务质量如何,他想试一试。于是,他就故意板着个脸,态度十分生硬地说:"现在,我很忙,没空,半个小时后你再来吧。"说完,他非常没有没礼貌地把门"砰"的一声关上了。

戴尔的销售员并没有因为他的态度不好而生气,只说一声"对不起"便走了。销售员走后,他觉得有点儿内疚,他对朋友们说,他是不是太没有礼貌了。想试一下试戴尔的服务态度,也不能这样粗暴地对待一个无辜的销售员啊。他以为这一下,那个销售员肯定受不了气,一定是走了,不会再来了。于是,他们又继续聊天。

没想到,半个小时后,他们家的门铃又响了。那个销售员不仅来了,而且一进门向他道歉说;"实在对不起,刚才我不知道您没空,影响您的生活了!"

这个青年人十分感动,其实应该是他对销售员道歉才是,没想到戴尔的销售员没有对他发怒不说,一进门还向他赔礼道歉,于是,他十分感慨地说:"都说戴尔公司的服务质量和服务态度非常好,今天看来真是名不虚传啦!"那个销售员微微一笑,说:

“谢谢您的夸奖，我们公司崇尚的是在每一个环节和每一阶段都一丝不苟，绝对不允许任何伤害顾客的现象出现。”

一个公司的形象是由无数个员工的辛勤的劳动换来的，也就说，戴尔公司的销售员不仅仅是对于那个青年人是这样的服务态度，其实，他对于所有的客户都是这样的态度。这是十分不容易了。事实上，正是因为无数个这样的销售员，无数次地高质量的服务，才慢慢树立的戴尔的品牌形象。所以，任何一个员工的执行的毅力和执行到底的决心，对于公司来讲都具有十分重要的意义。因此，公司十分在意员工的执行毅力和执行到底的决心。

一家建筑公司正在招聘一个设计师，有三个年轻人非常优秀，他们闯过了一关又一关，从众多求职者中脱颖而出。公司对这三个人都非常满意，但是不知道他们执行力如何，于是，人力资源部经理便想试一试他们，想从他们中选出一位有坚强的执行毅力，什么事情都能够执行到底的人来担当公司的设计师。

于是，人力资源部经理把他们找来说：“你们都已经被公司录用了。请跟我来。”说完，把他们带到了工地上。经理指着地上横七竖八地摆放着三堆散落的红砖，对他们说：“你们每人负责一堆，将砖头整齐地码成一个方垛。”然后，经理便走了，留下了一头雾水的三个人。

甲非常疑惑地说对乙说：“不是说，我们已经被录用了吗？怎么会让我们来码砖头呢？”乙也感到莫名其妙，于是对丙说：“我是来应聘设计师的，又不是搬运工，经理这是什么意思啊？”丙虽然心里也感到疑惑，但是他却没有问，而是对甲和乙说：“既然经理让我们码红砖，那码就是了，不用问为什么。”说着，就干了起来。甲和乙无可奈何地也跟着干了起来。然而，干了不多长时间，甲便坚持不住了，便对乙和丙说：“经理都走了，我们歇会吧，他又看不到。”乙也累得快不行了，也跟着说：“是啊，我都快累死了，那就休息一会儿吧。”丙却说：“你们休息吧，我不累。”他一边说，一边头也不抬地接着码红砖。

等到人力资源部的经理再次回来时，丙只剩下二三十块砖没有码好，而甲和乙却仅仅完成了工作量的三分之一。经理笑了笑说：“下班时间要到了，明天接着干吧。”甲和乙非常开心地扔掉了手中的砖，不约而同地说：“哎哟，把我累死了。晚上，可得好好休息。”丙却头也不抬地说：“经理，你们先走吧，我还有一会儿就完了。”虽然他也腰酸背痛，但是丙还是坚持将最后的二三十块砖码齐了才离开。

回到公司后，一个令他们三个人都没有想到的事情发生了。人力资源部经理忽然对他们宣布说：“其实，这次公司只聘用一位设计师，刚才让你们三个人去码红砖是对你们的最后一场考核。我现在告诉大家应聘结果：丙获得了本公司设计师的职位。”

甲和乙惊讶地瞪大了眼睛，没想到刚才码砖竟然是应聘考核，更没有想到的是丙应聘成功了。看着他们疑惑的眼睛，人力资源部经理说：“其实，刚才我一直在远处观察你们。你们在工地上的表现我看得一清二楚，还用我再解释什么吗？”

公司招聘员工，不仅看员工的硬能力，更看重他的软实力，也就是执行力。在同样面对码砖这件事上，甲和乙首先想到的是自己，想到的是经理为什么要让他们这样做，而丙首先想到却是公司，他觉得经理让他们这么做，自然有经理的道理。所以，他选择的是无条件执行公司的命令。工作中，遇到了困难时，甲和乙选择的是退却，而丙却选择的是坚持不懈地干下去。更重要的是甲和乙明显的有着干给公司看的意思，而丙却一声不吭地不折不扣地执行公司的命令。这样的执行到底的品质，又有那一家公司不喜欢呢？这样的员工，又有哪一家公司不愿意聘用呢？

因此，在职场中，在拥有相当工作能力的同时，还要有相当的执行力才可以。公司对那些执行到底的员工特别青睐。

7　坚决执行,绝不拖延

有人将拖延时间的行为生动地比喻为“追赶昨天的艺术”,我们可以在后面再加半句——“逃避今天的法宝”。有些事情的确是你想做的,绝非别人要你做,然而,尽管你想做,却总是一拖再拖。你不去做现在可以做的事情,却下决心要在将来某个时候去做。这样,你便可以避免马上采取行动,同时安慰自己说,你并没有真正放弃决心要做的事情。这种巧妙的思维过程大致如下:我知道自己必须做这件事,可我真怕自己做不好、或者不愿做。所以准备以后再做,这样我也不必说今后不做此事,因而可以心安理得。每当你必须完成一项艰苦工作时,你都可以求助于这种站不住脚、却看似实用的逻辑。

办事拖拖拉拉、当天不能办完当天事的原因很多,比如:场地没有联系好,该找的人没有找到……但如果这样的理由重复了几次后,老板就会认为你没有工作能力,或者是对工作不够尽心尽力,即使你下次确实有这样的理由,老板也会认为你在为自己的懒惰寻找借口。一旦在别人的心目中形成这样的印象,绝对不是一个好兆头。

拖延时间的员工是公司的“蘑菇”。老板布置的工作,你觉得可能做不完或是今天太疲劳了,不如明天早上来了再做,那时可能精神更好;每当接受新的工作时,你总是感到身体疲惫;你想做点体力活,如打扫房间、清理门窗等,可是你却迟迟没有行动,你总有各种各样的原因不去做,诸如工作繁忙、身体很累、要看电视等;你曾经由于迟迟不敢表白,而让心爱的女子成了别人的妻子,自己总是暗暗伤怀;你希望一辈子住在一个地方,你不愿意搬走,新的环境会让你头疼;总是制订健身计划,可你从不付诸行动,“我该跑步了……从下周一开始”;你答应要带你的宝贝去公园玩,可是一个月过去了,由于各种原因,你还是没有履行诺言,你的孩子对你已经失望至极;你很羡慕朋友去海边旅行,你自己也有能力去,但总是因为这样那样的借口而一拖再拖。拖延时间,是你能做的唯一一件事,因为它是世界上最不费力的！

深夜，一个危重病人迎来了他生命中的最后一分钟，死神如期来到了他的身边。在此之前，死神的形象在他脑海中几次闪过。他对死神说："再给我一分钟好吗？"死神问他："你要一分钟干什么？"他说："我想利用这一分钟看一看天，看一看地。我想利用这一分钟想一想我的朋友和我的亲人。如果运气好的话，我还可以看到一朵绽开的花。"

死神说："你的想法不错，但我不能答应。这一切都留了足够的时间让你去欣赏，你却没有像现在这样去珍惜，你看一下这份账单：在60年的生命中，你有二分之一的时间在睡觉；剩下的30多年里你经常拖延时间；曾经感叹时间太慢的次数达到了10000次，平均每天一次。上学时，你拖延完成家庭作业；成人后，你抽烟、喝酒、看电视，虚掷光阴……"

说到这里，这个危重病人就断了气。死神叹了口气说："如果你活着的时候能节约一分钟的话，你就能听完我给你记下的账单了。哎，真可惜，世人怎么都是这样，还等不到我动手就后悔死了。"想想看，拖延真的是浪费时间、浪费生命的最好办法。

现实生活中几乎每个人都有拖延时间的习惯，这种现象我们几乎时时遇见，以至于看见或者发生时都司空见惯了。然而，拖延时间却是一种极其有害的恶习。拖延是执行的天敌，对个人来说，拖延会让人一无所获；对公司来说，拖延会造成巨大的浪费。这种恶习一旦沿袭下来，就会使宝贵的时间白白地浪费掉。因此，在变幻莫测的当下，拒绝拖延，抓紧时间，坚决执行你的计划吧！为你，也为你的公司，抒写自己的灿烂人生。

8 执行到位，切莫敷衍

职场中，有很多员工，只要勉强过得去就这样过下去，执行不到位，对工作敷衍了事。他们以一种"难得糊涂"的精神，糊弄了工作，同时也糊弄了自己。

别看现在这个社会竞争激烈,但总有人能“超然物外”,我行我素,按部就班,老板再怎么急于出成绩,见效益,那也跟我没关系,我就这样了,他们一直生活在夹缝中,得过且过。

库伯曾经服务于一家大型建筑公司,他的主管不但是该家族公司集团中的总经理,又是第一位被提拔的非家族成员,他所承受的压力自然可想而知。库伯作为他身旁的干部,有说不出的压迫感,常常觉得是不是自己不讨人喜欢,以至于老被鸡蛋里挑骨头。一次,库伯为一个董事会准备资料,他迅速整理了从各部门呈上来的报表,工作很快就完成了。但是当库伯把资料交上去之后,总经理只说了一句话:“不用心。”库伯很不服气,他告诉总经理他已经好长时间没有按时吃晚饭了。总经理叹了一口气说:“你自己对这堆资料满意吗?不满意,你就是在敷衍工作。记住,敷衍工作首先就是敷衍自己。”

你可以问自己是否能够对自己的工作很满意,是否执行到位,如果不是,那么你正在采取消极的应对策略,如拖延、敷衍会带来什么后果,这些后果是你可以或愿意承受的吗?你可以在纸上反复推敲这几个问题,最后你会发现,不利的后果比目前困惑的工作要可怕得多。

敷衍工作的结果肯定会漏洞百出。库伯虽然牺牲了吃晚饭的时间,但是并没有用心去做。如果总经理拿着他给提供的资料上会议桌,肯定会受到董事们的批评,本来一个外来势力在家族公司中就很容易受到排挤,稍有疏忽,董事会就可能让总经理下岗,或者将来也不会把更重要的事交给他。

其实库伯是在装糊涂,其实他很聪明、有能力,也不乏思想,只是不愿将问题看透,在工作中就会糊弄事。这种人让人说深了不是,说浅了不是。您不是让我干活吗,我干了,让干多少干多少,您还想怎么着啊?可干得质量如何?差不多就行了,较什么真儿啊,给这点钱,值得我拼命吗?

老板的要求一定比你所完成的任务要高,因此,当你只是为了完成任务而工作的时候,你的工作就很难受到老板的肯定。而库伯没有考虑到这一点，因此，他执行不到位，敷衍了工作，他的直接后果就是受到总经理的批评，工作重新开始。

努力工作，主动工作，执行到位，就会有一种持续不断地寻找解决问题的方法本能，就会有克服生产力障碍的意志力。自然而然的，你的表现便能到达崭新的境界，你的工作品质以及从工作所获得的满足感都掌握在你自已手里，所以你不要敷衍工作。

身在工作中，就不能敷衍塞责，执行不到位，因为每个岗位部有它存在的意义，都是使公司更好地成长下去的工具。如果只是敷衍，那么公司虽然受损失，但最终敷衍的还是自己，因为你不会受到老板、公司的重用。同时，你的才能也被敷衍给扼杀了。

第二章　学习力:业绩不断攀升的诀窍

对于今天的员工而言,学习已经成为不可忽视的一种需要,知识经济的增长带动的整个世界的变化是知识的快速更新和整个人类步伐的加快,在这样的社会,我们疲于奔命,却总会在某一个时刻发现自己已经不能适应这个社会的高速运转。时间在流转,我们在一天一天地变老,世界却在一天天更新,我们与世界的差距在不知不觉间扩大。于是,我们知道自己的生活需要知识的填充,需要知识的完善和积累。所以,学习已经成为人们必须要做的事情。

1 不能终生受雇，但要终生学习

我们已经步入终生学习的时代，学习是终生的事情，是没有时间分隔、人员界定和场所限制的，要想有所发展，就一定要时刻学习。

提高学习的能力要比学习知识重要得多，知识虽然也在时刻更新，但人们只有在提高了学习知识能力的同时，才能更好地吸收新知识，运用新技能，以此提高自己的整体素质，适时地爆发出自己的创意潜能。

企业是靠员工来推动发展的，员工的能力是企业前进的原动力。作为员工，首先要立足于本职工作，在工作中不断学习，提升能力。从踏实的工作中不断学到新东西时，也是不断成长、走向成功的过程。

王洪军是中国一汽大众汽车有限公司的高级技工，看上去他和车间里的普通工人没有什么两样。他身材不高，貌不惊人，参加工作十多年，一直在一汽大众焊装车间一线工作。就是这样一位普普通通的工人，却有令人想不到的一番作为。

王洪军毕业于一汽技工学校，1990 年毕业后在一汽大众焊装车间做钣金整修工。钣金整修工作技术含量非常高，最初，公司的钣金整修主要是由 4 个德国专家负责，中方员工打下手，递递工具，干点小活。王洪军一边打下手，一边认真学。他跑图书馆翻阅相关资料，到书店买专业书，自学热处理、机械制图、金属工艺等专业知识，对照书本反复操练。经过几个月苦练，王洪军终于修好了一台车，经检测，钢板厚度、结构尺寸等完全符合标准。王洪军自己琢磨做工具，先后制作了 Z 形钩、T 形钩、打板、多功能拔坑器等整修工具 40 多种 2000 多件，满足了各种车型、各类缺陷的修复要求。王洪军在发明制作工具的同时，总结出快捷有效的钣金整修方法，创造出了 47 项 123 种非常实用又简捷的轿车车身钣金整修方法——“王洪军轿车快速表面修复法”。

成功的机会是不会白白降临的,只有及时为自己充电的员工才有获得更多好机会的可能。要把终生学习当成一种习惯,不断进取。老板注意你的时候你要好好表现,老板没有注意到你的时候你更要好好表现,因为在任何一个公司里,那些不必老板交代就自己找事做的员工,那些接到任务时不找借口的员工,那些永远也不问“怎么办”而是自己动手克服困难的员工,那些主动请命为公司工作的员工,就是老板心目中最优秀的员工。在有升职机会时,老板首先想到的就是这些人。

只有终生学习,才有长期受雇的可能性。因为老板不会要一个思想僵化、停滞不前的人。为了自己的进步和利益,让学习始终与你相伴。

2 把学习当一种习惯

现代社会是信息爆炸的时代,无论知识还是技术都日新月异。你现在所掌握的知识很快就会被社会淘汰,如果你抱残守缺、坐吃山空,迟早会被社会所淘汰。社会在不断进步,你也要加快自己的脚步,不断地学习,不断地自我更新,不做“吃老本’的掉队者。

道理很简单,人从来不会因为多学知识而吃亏。多掌握一门技术,就意味着多一条出路、多一种选择。学习是一个积极向上的过程。正所谓,磨刀不误砍柴工,不要觉得自己是在做无用功,要知道你现在所做的一切都是为未来做铺垫,谁敢说现在学的知识以后就用不上呢?不要仅仅为你现在的职业而工作,你应当为你的梦想而努力。人生就是不断成长、不断完善的过程,不断学习就是自我完善的最佳途径。

系山英太郎,一位在日本呼风唤雨的显赫人物,30 岁即拥有了几十亿美元的资产,32 岁成为日本历史上最年轻的参议员。

2004 年《福布斯》杂志全球富豪排行榜上显示,系山英太郎个人净资产 49 亿美元,排在第 86 位。他的赚钱秘诀何在?系山英太郎回答道:“善于学习是制胜的法宝。”系山英太郎一直信奉“终生学习”的信念，碰到不懂的事情总是努力去寻求答案。通过推销外国汽车，他领悟到销售的技巧；通过研究金融知识，他懂得如何利用银行和股市让大量的金钱流入自己的腰包……即使后来年龄渐长，系山英太郎仍不甘心被时代淘汰。他开始学习电脑，不久就成立了自己的网络公司，发表他个人对时事问题的看法。进入老迈之年后，系山英太郎依然勇于挑战新的事物，热心了解未知的领域。

正是凭借终生学习的精神，系山英太郎让自己始终站在时代的潮头之上。所以，如果你想事业有成，如果你想使自己的人生富有意义，一定要把“终生学习”作为人生信条。

李嘉诚也是靠学习成功的。有人曾经问他成功靠什么，他回答得简单有力：“靠学习，不断地学习！”现在已经年逾古稀，他每天晚上仍然坚持读书，坚持不懈地在工作中学习。

由此可见，学习能力的提高，对于一个人的成功有很大作用。在这个知识经济时代，我们必须注重自己的学习能力，必须勤于学习、善于学习，时时不忘记学习。只有这样，我们才能在激烈的竞争中立于不败之地。

职场不再是单纯的知识与专业能力的竞争，也是学习能力的竞争。多掌握一门技术，就意味着多一条出路、多一种选择。你要养成习惯，时时充电，才能有光明的职业前景。

3 做一块现代职场上的“充电器”

面对日新月异的职场变化，我们的挑战也在不断升级，只有不断充实自己，不断为自己充电，我们才能延长自己的工作期限。

学习的方式方法多种多样，对于员工来讲，最好的学习方法还是在工作中学习。在工作中学习不需要脱离现在的工作，你以遇到的难题为突破口，学习解决问题的方法和相关知识，总结经验，从而提升你的工作能力。

通过在工作中不断学习,你可以避免因自满而损害你的职业生涯。不论是在职业生涯的哪个阶段,学习的脚步都不能稍有停歇,要把工作视为学习的殿堂。

彼得·詹宁斯是美国ABC晚间新闻的当红主播,他连大学都没有毕业,但他把事业作为他的教育课堂。他当了3年主播后,毅然辞去人人艳羡的主播职位,到新闻第一线磨炼,做起记者的工作。他在美国国内报道了许多不同类型的新闻,并且成为美国电视网第一个常驻中东的特派员。后来他搬到伦敦,成为欧洲地区的特派员。经历过这些历练后,他重新回到ABC主播的位置。此时,他已经由一个初出茅庐的小伙子成长为一名成熟稳重、广受欢迎的主持人。

我们的社会正在由学历型社会向学习型社会转变,这对传统学习观和每一个人的工作方式、生活方式产生了重大的影响。所以,你不能停下受教育的脚步。如果公司不能满足你的培训要求时,也不要闲下来,可以自掏腰包接受再教育。当然首选应是与工作密切相关的科目,还可以考虑一些热门的项目或自己感兴趣的科目,这类培训更多意义上被当做一种"补品",在以后的机会中会增加你的分量。

随着知识、技能折旧的加速,不通过学习、培训进行更新,适应性自然越来越差。老板时刻把目光投向那些掌握新技能、能为公司提高竞争力的人。所以,未来的竞争将不再是知识与专业技能的竞争,而是学习能力的竞争,一个人如果善于学习,他的前途会一片光明。

积极的进步是不需要老板督促的。作为自身发展的必要条件,学习对每个员工的职业生涯都具有重要的意义,这个意义正随着越来越多的企业致力于建设学习型组织而日益凸显。

学习是保持知识更新、适应时代发展的必然选择,不是一朝一夕的事情,因此,必须通过持续的努力追求进步、追求卓越。要使学习成为一种习惯,如一日三餐般不可或缺,只有这样,你才能真正成为现代职场上的优秀员工。

4 主动学习，在升值中升职

主动工作是在没有人要求你、强加于你的情况下，能自觉而且出色地做好自己的事情。

主动的人可以得到上司的赏识，自觉是一个人成功的通行证。当主动成为一种习惯时，我们就能从中学到更多的知识，积累更多的经验，能从全身心投入工作的过程中找到快乐。让主动成为习惯，你将因此受益无穷。

毛永刚进入微软公司中国研发中心时，负责新一代 word 的开发。真正开始工作，他才发现，摆在他面前的只有一个目标和大概的资料，没有详细的岗位职责，没有人告诉他该怎么做，该用什么工具。和美国总部交流沟通，得到的答复是一切都要靠自己去做。

原来，微软企业文化就是员工要自己找事做。比如要测试一件产品，公司没有硬性规定测试程序和步骤，员工完全根据自己对产品的理解，考虑产品的设计和用户的使用习惯等，发现问题。每个员工都要充分发挥自己的主动性，既唤起了责任感，又调动了激情，从而设计出最满意的产品。

"不管你会不会游泳，到这个游泳池就把你推下去，能游也得游，不能游也得学会游。"总裁鲍尔默说，"这样就形成了一种企业文化，来到这里就要潜心学东西，学好了就能生存，生存下来就要想怎样生存得更好。"所以他们强调"主动和动手"。

毛永刚没有退缩，他担当起了开发的责任，积极思考、主动自觉地工作，他的努力得到了回报，很快成长为桌面应用部经理。

每个老板都喜欢积极主动的员工，每个人也都愿意和这种人共事。如果你总能保持主动率先的工作精神，比自己分内的多做一点，比别人期待的多做一点,你就会吸引老板的注意,得到加薪和升迁的机会。

如果一个人只是尽本分,或者唯唯诺诺,对公司的发展前景漠不关心,他就无法获得额外的报酬,也无法得到事业的提升。具有积极主动的工作习惯,以无比的热情看待自己工作和事业的人,总能发掘出无穷的机会。相反,那些被动的人,永远等着别人给他安排任务,有时还会推脱搪塞,与此同时,他也推掉了属于自己的机会。

那些整天抱怨工作的人是不可能积极主动的。一个主动工作的员工,对于工作的责任和意义有深刻的理解,随时准备展示自己的全部才华,因此,他们总能够从工作中得到更多的回报。

如果你想登上成功之梯的最高阶,就要永远保持主动。即使你面对的是毫无挑战和毫无兴趣的工作,如果你能够做到积极主动地去工作,最终必将获得回报。

成功的人很明白,任何事情只有自己主动争取,并且要为自己的行为负责才能圆满完成。没有人能保证你成功,只有你自己,也没有人能阻挠你成功,只有你自己。

5　拒绝淘汰,学会学习

未来学家托夫勒指出:未来的文盲不是不愿学习的人,而是不会学习的人。在电子技术日益发达、信息共享程度日益提高的今天,我们应该利用一切可以利用的资源,改进学习方法;提高学习效率。只有这样,才能跟上时代的发展。人们常讲的一句话叫"活到老,学到老"。现在这句话有点不完整了,应该改为"天天学习,天天会学习"。否则,我们就会落伍、掉队。

要想做好本职工作,你得学会学习。使自己变成一个优秀的员工,你也得学会学习。书本上的要学,实践中的更要学。从工作中发现学习的方法,工作才能更上层楼,事业才能更有发展。善于学习能使你在变动无常的环境中应付自如。

托尼在一家公司做人事工作近10年了，从文员到人事助理，再到人事经理。公司合并前，他一人独揽人事大权。公司的人事工作全部他一人说了算，薪水也很高。公司被外资并购后，新来了一位人力资源总监，是留洋的MBA。接着公司又招聘了一位新的人事主管，他成了这位新主管的手下。新的组织里提倡不断地学习，然而参加了几期培训班，托尼仍然感到无所适从。他曾经想过跳槽，但考虑到自己好像已经失去了与年轻一代竞争的能力，弄不好饭碗不保，索性就这样熬下去。最后，他还是不得不离开。当他重新走进人才市场时才发现，年届四十的他已成“过气经理人”了。

托尼就是一个不会学习的人。对后来居上者没有虚心求教的态度，也没有改变状态的勇气。所以托尼的被淘汰是顺理成章的事情。

学习是终生的事。但是这个终生的学习并不是一成不变的学习。不同时期，学习的内容不同，学习的方法也有所不同。因此，要学会甄别自己所需要的知识，选择适应的方法。这样，你的学习才是有效的学习。

在二十几岁的时候，我们会碰到人生的第一个危机，叫做“找不到定位的危机”。刚刚从学校毕业，我们不知道在这广阔的社会中，怎样找一个安身立命的地方。所以有些人徘徊在学校与事业之间。这种情形，就要学会给自己一个职业定位，做一个职业规划。这才是正确的学习方法。

但是随着职业生涯的深入，一些老经验束缚住了自己，一些新的思想不能被接受。这时候，学习的主要目的是突破自己。托尼的问题出在没有学习突破。还是学习那一点点表面的东西，不能及时更新自己的专业知识系统，从而造成知识折旧、人才折价。职场对人才职业竞争力的要求在不断提高。即便是处在高端地位的金领，如不能应对市场的要求，改变自己旧有的学习方法，旧有的知识结构和管理能力，提高职业应变能力，增强自己的全局观念和相关的阅历、素质的话，就会在严酷的竞争中被无情地淘汰。

会学习对每个人来说都非常重要。一般来说，公司选择人才的时候，都是选择那些能够在不同的环境中采用不同的学习方法的人。现在的市场竞争越来越激烈,这就要求公司每个工作岗位员工的专业知识又专又精。专业知识是公司招聘员工时首先考虑的问题。有学习欲望和有学习潜力的员工,也应是招聘的重点。公司在育才时,此类员工更能够迅速地领会并达到公司每一个阶段发展的要求。这样公司才算真正达到了育才的目的。何况市场的竞争瞬息万变,公司如果想在市场竞争中不被淘汰并寻求发展,就要不断创新。保持现状即意味着落后。所以拥有学习意愿强、能够接受创新思想的员工,公司的发展必然比较迅速。

优秀员工必然是具有较强的学习能力,会学习的人。会学习的人才有竞争力。人的核心竞争力源于创新能力,创新能力来自不断地学习。因而,学习能力是一个优秀员工必备的素质。学习能力远比其他能力更为重要。一个现时有能力的人,不管他是博士、硕士,还是高级工程师,如果不会学习,也会落后,变成一个"能力平平"的人。一个暂时能力不是很强的人,只要坚持学习、会学习,一定会成为一个能力出众的人。因此,会学习的人是最有前途的人。不会学习的人终将被淘汰。

一个人能够学习还不够,还要会学习。即在不同的环境,采取不同的方法,以应对不同的问题。不会学习的人,认识不到自己的处境、看不到自己存在的问题、找不到解决矛盾的办法,也就不能适应迅速变化的环境。因此,惨遭淘汰就是早晚的事了。

6 让自己变得更优秀

一个人要想变得优秀,就要积极进取,努力学习。俗话说:台上一分钟,台下十年功。要成功必须加倍努力,而且要比别人更努力。种瓜得瓜,种豆得豆。有不平凡的过程,才会产生不平凡的结果。

公司需要的是高性能的员工。我们必须持续不断地自我成长,让自己变得更优秀,否则根本不可能在自己的专业领域上保持地位。你只有两种选择,一是积极努力,让自己变得更优秀;二是随波逐流,懒懒散散,最后变得不堪一击。

对员工来说,在设立一定的目标后,必须全身心投入到工作之中,所有的计划一定要按时完成。在超越自己本身以外,一定要更努力地超越你的竞争者。要超越竞争者,就必须比竞争对手付出更多的辛劳和智慧,而这是以积极主动学习为前提的。

刘洪武与一家广告公司签约,并开始进入实习期。虽然大家都说应该会很简单,但他还是非常重视它,抱着一种虚心求教的态度向每一个人学习。他可不想做一个不能胜任的员工被别人小看。以前在学校他很少和陌生人打交道,是一个很内向的人。但是开始工作以后,他就努力改变这种状况。接下来的日子里,他慢慢克服了害羞,硬着头皮向同事们问这问那,也开始融入了他们的圈子。大家都觉得他很努力,也很好学,非常愿意帮助他。老板对他也非常肯定。经过这三个月,他已经克服了当初的畏畏缩缩,适应了职场生活,还获得了优秀员工的称号。他提到自己的进步时说:“其中最重要的一步是主动积极的学习态度。”

要想让自己变得更优秀,你要做的应该是了解学习自己工作方面的相关知识,加强基础理论的学习,提高思考问题的水平。站得高,才能看得远。只有具备了足够的积累,才会有远见卓识,才会有胆略思路。在学习中思考可以让我们在工作中立刻找到问题的关键,发现最根本的矛盾,尽快找到合理的解决办法,从而拓宽工作舞台,打破局限。

有的人遇到工作上的障碍就容易打退堂鼓。而此时唯一的方法就是在不断努力中提升自己的能力。为提升自我能力,你必须吸收更多专业的资讯、经验,去累积更多工作技能和专长。唯有如此,遇到问题时才能迎刃而解。

世界上到处都是有才华的失败者。在很多情况下,他们之所以一事无成、碌碌无为,在失意的煎熬中痛苦地生活,并不是因为他们知道的东西不够多,而是因为他们没有去探索未知的东西。

要想让自己变得更优秀,你还得用更多的时间去接受新的知识,培养自己的能力，展现自己的才华。在你未来的资产中，它们的价值将远远超过现在所积累的货币资产。当你从一个新手、一个无知的员工成长为一个熟练的、高效的员工时，你实际上已经大有收获了。你可以充分发挥这些才能，从而获得更高的报酬。

你还可以学习一种特殊而有用的技巧，做公司中不可缺少的人物。比如学会操作一种新的软件，这会增加你的个人价值。

要想让自己变得更优秀，你就必须有较强的学习力。学习能力决定了在公司你能走多远、做多长。因为任何项目都是需要学习才可以改进或者创新的。当一个人没有从外界学习新东西的能力或者兴趣时，当一个人不愿意或者没时间思考时，当一个人排斥创新时，他的进步与成长之路也就停止了。

在公司中，一个员工要想不断取得进步，就要不忘初衷，虚心学习。所谓初衷，就是公司的经营理念。只有始终不忘公司经营理念的员工，才可能谦虚地学习，才可能与同事齐心协力。也只有这样，才能实现公司的使命。不忘公司初衷，又能谦虚学习的人，才是公司最需要的员工。

优秀的人并不是有钱人，而是那些在人格、品行、学问、道德、工作技能等方面都胜一筹的人。让自己变得更优秀，吸收各种对自己生命有益的养分，不断提高自己的理想，不断鼓励自己追求高尚的事物，可以使你对事业付出更大的努力。

7　向身边的人学习

一个能够积极学习的人，周围的人都是他学习的对象。每个人都有自己的缺点。向别人的优点学习，补充自己的不足，这样的学习才能够进步。否则，总是认为自己很优秀，看不起别人，那自己就会跌进“自满的陷阱”。

每个人都会有自己崇拜与学习的对象。有时候，我们学习那些离我们遥远的伟人，却往往忽略了近在身边的智者。这一点在工作中体现得尤其充分。也许是出于嫉妒,也许是利益的冲突,我们忽视了那些每天都在我们身边——那些最值得学习的人。

任何人身上都可能拥有你所欣赏的特长。玛格丽特·亨格佛曾经说过:“美存在于观看者的眼中。”她的看法和我们平常所说的“我们在别人身上看到我们所希望看到的东西”不谋而合。每个人都是相当复杂的综合体,融合了各种各样的情绪、感情和思想。你对他人的想象,往往奠基于自己对他人的期望之中。

如果你相信他人是优秀的,你就会在他身上找到优秀的人格品质;如果你不这样认为,就无法发现他人身上潜在的优点;如果你本身的心态是积极的,就容易发现他人积极的一面。你要不断提高自己,就要认识和发掘他人身上优秀的特质。

从老员工那里学习。每个公司都有一批这样的老员工,他们性格爱好不尽相同,和公司一同成长,为公司做出了巨大的贡献。刚刚踏上工作岗位的新员工能够从这样一群年纪比自己大、经验比自己丰富的老员工那里学到宝贵的经验。

从新人那里学习。在公司中,即使你是老员工,经验丰富,你也可以从新员工身上学到你所需要的东西。他们带来自身经验与智慧的时候,还带来了他们的热情、活力、积极进取,尤其是热情和活力是老员工最需要的。让这种久违的热情感染每一个老员工,公司才会更加充满生机。一个公司,最值得骄傲的就是,新员工快速成长并且逐渐成为栋梁的同时,老员工仍然拥有激情,不断致力于自身的职业素养的提升。

在交往中学习。崔春梅刚进入公司工作不久,发现公司管后勤的侯燕琳牙尖嘴利,很难相处。侯燕琳负责派车。每当各部门人员要外出工作,就得向她赔笑脸。一开始,崔春梅很看不惯侯燕琳的行为,心想:为什么一副趾高气扬的样子?由于工作的关系,慢慢地,崔春梅和侯燕琳熟了,交往多了,她发现侯燕琳并不是一个普通的员工,她能够对公司的一举一动都做出自己的判断,而且对市场信息能够敏锐地捕捉。正是因为才能得不到重用,她才很压抑,进而形成了这样的一种牙尖嘴利的性格。

崔春梅非常佩服她的才能,每次都虚心向侯燕琳求教。因为她的态度谦和,侯也非常愿意说出自己的点子。通过她的指点,崔春梅很快得到了提升,但是她不忘记这个有才能的人的指点,她向老总举荐了侯燕琳。侯燕琳很快得到了重用。两个人并肩作战,最后成为老板的左膀右臂。

我们不可能认识公司所有的员工,我们怎么样才能使他们坦率地告诉自己哪些东西才是最有价值的呢?只有在交谈之前尽量多熟悉自己的工作,认真了解和自己相关的情况。你知道得越多,这些人可能越感到花时间与你交谈是值得的。

在挑剌的人旁边学习。马琳所在部门的同事黄石力年过四十,是个爱挑刺的人。早上谁迟到了五分钟,谁的办公桌没有打扫干净,他都一清二楚。此举让他的人缘极差。

这天,黄石力慢条斯理地走到马琳身边开口了:“马琳,你写的这份宣传资料我看了,你看看,标点符号用错了多少?这样的东西如果拿给总经理看,他对我们会是什么印象?标点符号跟汉字一样,是我们从小到大都在学的东西,这都用不好……”黄石力滔滔不绝地批评马琳的用“标”不当。开始时,马琳很难接受,甚至想大发雷霆,但是他马上压抑住了,因为他立刻意识到这是一个能让自己进步的导师。

从那以后,马琳做事分外小心。早上第一个到,下班最后一个走。写每一份资料都仔细斟酌,打每一个电话都用心揣摩,力求做到最好。久而久之,黄石力对马琳特别欣赏,经常在业务上对他进行指点。小至一份合同的撰写,大至跟客户打交道的技巧。马琳感叹:姜还是老的辣!如果自己自恃能力,大而化之,不愿意认真向他学习,那么倒霉的很可能是自己。

我们周围的每一个人都可以成为自己的老师,但是你必须学会有选择的判别。如果不会判别,那么就只会看到别人身上一些表面的优点,而不能深刻挖掘其中真正的学习价值。90%以上的人都忽略了一项重要的因素,那就是我要选哪些人成为我工作的老师?与什么样的人交往,对个人的成长影响颇大？长久地生活在低俗的圈子里，无论是道德上低俗，还是品位上的低俗，都不可避免地让人走下坡路。我们应该努力地去接触那些道德高尚和学识不凡的人。

8 优秀从培训中来

一般的公司，在员工刚进入公司时，就会对其进行培训，在工作的过程中，还会以不同的情况做一些特殊的培训。对于此种培训，千万不要以为那是些很简单的事，就不予以重视。须知，很多的员工就通过这种培训从普通走向了卓越。

为什么这么说呢？优秀人才的多少决定着公司的繁荣程度。对这一点，恐怕没有一个公司不认同。

对于谁是优秀人才，我们过去常常存在一些模糊的认识，以为学历高、经验丰富的员工才是优秀人才。其实，对于一个公司来说，适合本公司的岗位要求，具备良好的职业素质和规范的职业行为的员工，就是一个优秀的人才。所谓的人才竞争，无非是员工职业素质高低和职业行为规范程度的竞争。任何一家公司，无论规模大小，员工的职业素质好，职业行为规范程度高，公司的运转效率就会提高，管理成本就会比其他公司降低很多，公司效益自然就比同类公司要高出一大截。而这些都是公司培训中的必修课。

从职业培训中，员工还能学习到公司的文化。一个公司最值得学习的地方就是它的文化。这也是为什么像微软这样的“巨人公司”能够持续强大的原因。文化是一个公司永久的灵魂，它可以使每一名员工善于同别人沟通；使每一名员工都能够自觉的同他人配合、为他人创造良好的工作条件；全身心地完成自己岗位的工作，做出优良的业绩，将自己的工作岗位当做公司发展中重要的支撑点；而且，也使每一个员工成为负责任的人。对于一个公司来讲如果有一个好的文化，可以代替很多制度。而我们在学习接受公司文化的同时，也是在点燃我们的工作激情。

许多公司对员工的培训只停留在口头重视的程度,而没有任何实质性的动作。这样的公司不可能做强做大。

公司的这种培训,还会让员工形成注重学习的氛围。培训引导员工如何学习,强调通过员工之间的交流,通过他们思想与思想的碰撞、经验与经验的汇聚,注重团队意识和合作精神的塑造,注重沟通,通过有效的学习交流,产生新的思想火花,激发员工的创新意识和自我提高意识,如此,才是公司可持续发展和员工可持续发展所需要的。只有不断增强学习能力,才能铸就持续学习、提高学习效果的应有禀赋,才能适应不断变化和日趋激烈的市场竞争。员工学到的就不仅仅局限于现任岗位的技能,他们学到的是适应力、向心力、凝聚力,激发出来的是活力和潜力,因而更有成功感,如此,培训才真正成为员工最希望得到的福利。

对员工的培训,并不是简单地给员工集中起来上几堂课,给员工讲一些要诚实、敬业、主动、富有责任感、不寻找任何借口等抽象空洞的概念,这些都只是一个具有良好职业素养的员工最起码应该具备的基本素质。这些培训可能会对员工采取集中的方式来进行,但是其实很多的公司对员工的培训内容,都会贯穿在工作的具体环节之中,对员工的工作有实际指导作用,要有可操作性。

这种在具体工作中的培训,还可以及时解除那些不会学习的员工的障碍,让他们获得成就感。所谓"成就感",顾名思义,是一个人对自己的"成就"进行一番评价后产生的感觉。不同的人进行自我成就评价时适用的标准不同,产生的"感觉"往往也会有所不同。比如在同一个单位从事同样工作的两个人,收入水平、升职机会和外界评价等基本相同,但两人的成就感却可能大不一样。同理,一个出类拔萃功成名就的高层管理者,未必就一定比一个"朝九晚五"的普通工薪族更有成就感。一个人最希望成就什么,他目前所从事的工作是否有助于实现理想,他在所供职的单位长期干下去有没有前途,他自己应该非常清楚。员工培养自己的成就感,无非是坚持学习,接受自己的工作培训,勤奋工作,不断在职场上开辟新天地。

没有任何一个人生下来就是优秀员工。优秀员工都是后天培养训练出来的。公司对员工的培训,不但集中在职业素质和职业行为规范方面,还集中在提高技能、创新等方面。员工的职业素养和职业规范,非常具体地体现在实际工作中的每一个环节中,诸如如何开会、如何请假、如何写书面报告、怎样与上司谈话,甚至如何阅读别人的身体语言、如何发脾气……而提高技能、学会创新则是更高层次的要求。

因此,要努力配合公司的培训,努力让自己适应自己的工作,提高自己的工作能力,让自己成为一名优秀的员工。

优秀的员工不是生来的,而是从培训中来的。培训可以让员工具备基本的职业素质、明了职业行为规范,培训可以让员工迅速获得适应岗位的能力,培训还可以让员工在不断地学习中创新,随时将新思想、新方法应用到自己的工作中去。

9 每天进步一点点

职场生涯就像是逆水行舟,如果不能保证每天进步,那么就会一泻千里。那么就督促自己每天都有进步,哪怕只是一点点。

员工的每天的进步就是公司的迅速发展。要想保持每天都进步,就要从多方面对自己严格要求。

要求自己必须将工作作为最喜爱的事情来对待。在前面我们已经说过,对于有兴趣的东西,你才会干得最好,进步也快。有人曾说过,一个人应该做到:目前所从事的工作就是自己真正想做的工作。如果你能将该做的工作做得和想做的工作一样认真,那么你一定会进步,因为你在为未来做准备,你正在学习一些足以超越目前职位的技巧。当时机成熟时,你就会跨越职业障碍了。

要有自发的学习精神。事实上大部分公司最希望新人具有高度工作热诚以及主动学习的气质,想在竞争激烈的职场上寻求表现、加薪高、升迁快的三大境界,一定要有自发的学习力,而且要能屈能伸适应各种不同的工作,再加上创意的发挥以及合群的精神,想要每天都进步,就要每天进行自我检视。

每天都找一位身边的人作为自己的导师。你的导师不一定身居高位,他们在经验、专长、知识、技能等方面比我们略胜一筹,也许是你的同事、同学、朋友、引荐人,他们或物质上给予、或提供机会、或予以思想观念的启迪、或身教言传潜移默化。有了导师的帮助,一来容易脱颖而出,二则缩短成功的时间,三是使危机能够在第一时间找到强援。

每天都要有学习的目标。没有目标的人就可能无法有好的行动,每天都为自己制定一个目标、计划,按照计划来执行。目标和计划不仅可以指导你的工作,还可以检视你的工作的完成程度。比如,我今天的目标和计划就是发现我工作中的拖延时间的错误做法。

捕捉工作中每一个小细节,增强实际动手能力。工作之所以不能进步,可能就是一两个小细节阻碍了你,如果能够细心观察,发现细枝末节中存在的问题,那么进步也会很快,徐小茹刚进入公司时,发现这里人才济济。她所在的设计部,人人都是精通网络的“剑客”,还会影视制作,相比之下,自己的知识太贫乏了。有一个叫姜飞的,更是其中的高手,不光设计水平超人一等,新创意、好点子也是天马行空,信手拈来。他对徐小茹这个初出茅庐的女孩不屑一顾,认为她只是在学校学了点皮毛,“纸上谈兵”。于是徐小茹暗下决心:一定要好好干。徐小茹采取的策略就是认真对待工作中的每一个细节,细心观察姜飞的工作,找到自己的差距,不断地弥补自己的缺陷。几个月过去了,她很快成为了公司新招聘员工中的佼佼者。由于心细,有些甚至经验丰富的老员工们没有想到的,徐小茹却想到了。

每个人都在追求上进,都在努力工作,因此,你必须花些额外的工夫,仅在公司认真工作是不够的。花点时间在网络上或图书馆里查阅有关自己工作的情况,尽可能多地了解一些信息,包括工作以外的信息,如公司的产品、规模、收入、声誉、形象、管理人才、员工、技能、历史以及所信奉的哲学等。特别是了解公司在整个行业中的位置,以及别人或者别的公司对于自己所在公司的评价。

“不懂就要大胆地问，不要不懂装懂。”一位人力资源经理建议，不要认为自己什么都懂，不要怕丑不敢问，工作上有什么不明白的应该立刻问。在当今时代，沟通能力是重要的工作能力之一，出去外面要和客户打交道、在公司要和同事培养好感情，都需要良好的沟通能力。所以大学毕业生锻炼好口才，对刚进入职场有特别的优势。

总之，每天都要有进步。每做一件事，每接触一个人之后，都要细想想，哪些把握好了分寸，哪些还有待改进；保持像海绵一样的心态，通过这种日积月累，自己的能力就会在无形中提高。

要想在压力中求生存，就要奋起直追，保证每天都有新的进步。除了提高自身职业素养，保持平和的工作心态以外，还要制定进步的目标和计划，还要认真观察自己的工作细节，同事们工作的方法。处处留心皆学问，进步在于一点一滴的积累。

第三章　交际力：合作共赢的捷径

不少人走上职场后，发现自己的能力并不差，却工作得并不很顺畅，而且看不到上进的希望；而有些人看起来能力并不比自己强，却生活得非常滋润，而且职场人生十分顺利。这其中的原因固然很多，但是交际力的强弱是其中的一个十分重要的原因。马上行动起来，与周围的人们建立并保持一个和谐的友好关系，你就会立刻拥有一个好人脉，成功与辉煌就会离你很近！

1 朋友多多,机会多多

一个人的成功,很大程度上取决于人脉的多和广。商场上有句俗话说“天大的面子、地大的本钱”,指的就是这回事! 朋友多多,机会多多。

愈想有突出的个人表现的人,愈需要盟友的帮助。光靠自己不会成功,唯有依靠别人的帮助你才能成功。所以,你要选择对你的目标最有利、最有用处的盟友。

再没有什么事比建立人际关系更重要了。没有良好的人际关系,你什么也做不到。有了它,你可以改变自己,改变生活,做出一番事业。

交朋友不仅能满足情感需要,而且能给自己的事业和人生带来实际的价值和利益。俗话说:在家靠父母,出外靠朋友。的确,在社会上行走,没有朋友,绝对不可能成大事。尽管朋友多并不一定能成大事,但想成就一番事业却万万不能没有朋友。

美国老牌影星寇克·道格拉斯年轻时十分落魄潦倒,包括许多知名大导演在内,没有人认为他会成为明星。有一回寇克搭火车时,与旁边的一位女士攀谈起来,没想到这一聊却聊出了他人生的转折点。没过几天,寇克被邀请到制片厂报到。原来,这位女士是位知名制片人。寇克·道格拉斯因为结交了女制片人,沟通了人脉,一切才美梦成真。

也许你觉得你的同事论水平、论人品各个方面都和自己不相上下,甚至有的地方还不如自己,为什么他可以有那样的机会,而自己却没有呢? 为什么? 因为有人赏识他! 为什么赏识的偏偏是他呢? 你的同事比你有人脉!

人脉在 MBA 课程中已被提升到了一个相当的高度。哈佛商学院的一位教授总结说,哈佛为其毕业生提供了两大工具:首先是对全局的综合分析判断能力;其次是哈佛强大的、遍布全球的、4 万多人的校友网络,在各国、各行业都能提供宝贵的商业信息和优待。哈佛校友影响之大,实非言语所能形容。哈佛商学院建院以来有超过6万名校友,这些校友多半已是各行业的精英,他们在团队精神的凝聚下,织成了一张强固的人脉网络。对于后者,几位在中国创业的哈佛MBA学员体会最深。他们在没有其他更深背景的情况下,靠的就是哈佛MBA这块金色敲门砖,因为在华尔街,在几大风险投资基金中,对哈佛MBA来说,找到校友,就是找到了信任。

也许有人认为,在这个世界上,大部分的人都是喜欢锦上添花的,在困难的时候,好人脉常常顶不了什么用。的确如此。但是锦上添花同样重要。事实上,一个人想让自己的事业快速成长,就是需要别人锦上添花,需要好人脉。花花轿子人人抬,才可以让你的事业更加成功。

有一位成功的企业家在创业之初的艰难时期,为了周转一笔数额只有两万元的资金,尝尽了人情的冷暖,最后还是依靠父母卖了房子才渡过难关。

后来,等到他事业有成时,他赚钱的速度就像是老天爷把欠他几辈子的钱都一起还给他那样。当初在他最困难的时期拒绝借钱给他的朋友们,后来都排着队要求向他投资。这位企业家并没有因为困难时人们的冷漠而记恨,拒绝他们的投资,反而认为市场的饼是越做越大的,有钱要大家赚,大家才会让你赚更多的钱。这位企业家现在已成为当地商界呼风唤雨的人物。

一位思想家说过:倘若有人未能随着人生每段历程结交新的朋友,他很快就会变成孤家寡人。每一个人都应该与时俱进,来维护和发展自己的友谊。

你是否想过,公司里那些交际高手是从哪里来的?自己上司的老板是从哪里找人来填补你头顶的空缺的?

或许你也知道这个秘密:是从他的交际圈中。他们在高尔夫球俱乐部或其他闲暇时间相互认识并且交上了朋友,于是老板便"发现"了他们。

这时,你会认识到良好的沟通能力、广泛的人际关系对你而言意味着什么。因此,你平时就应该广结人脉,了解外面的世界,人们都在做些什么。只有这样，当你需要时才会有很多人向你伸出援手。

善于编织人际关系的交际高手往往乐意雇用朋友的孩子，提携高尔夫球友或牌友的女婿，乐意拉拢将来可能对自己有利的人。这样一旦自己需要寻求别人的帮助时，手上便有一堆现成的人情债可以讨，而且往往不费吹灰之力便能讨得到。

周末、晚上别老蹲在家里，多出门去参加一些社交活动。无论是什么，只要加入并参与就够了。多结识一些朋友，建立自己的人际关系网，对你的生活、事业将会有很大的帮助。

所以，从现在起，与你周围的人架起沟通的桥梁，编织你的人际关系网吧！

2 有人脉就有金矿

生活中的每一个人都有着自己的人脉网络，只要你善于开发，每一个人都会成为你的金矿。

好人脉这座金矿，他可以为你带来巨大的财富。世界一流人脉资源专家哈维·麦凯就是巧妙地利用人脉来推销自己，找到一份好工作的。

哈维·麦凯刚大学毕业就进入了失业大军。因为当时经济萧条，工作非常难找了。好在哈维·麦凯的父亲是位记者，认识一些政商两界的重要人物。父亲的朋友中有一位叫查理·沃德的先生，经营着全世界最大的月历卡片制造公司的董事长。四年前，沃德因税务问题而入狱服刑。哈维·麦凯的父亲发现别人控诉沃德逃税的案件有些失实，于是赴监采访沃德，写了一些公正的报道。沃德非常感激麦凯的父亲。

出狱后，他对哈维·麦凯的父亲说，如果孩子毕业后想找个好工作，他可以帮忙。

父亲抱着试试看的想法让哈维·麦凯给沃德的公司打电话。

谁知沃德回答的十分干脆,他说:“你明天上午10点钟直接到我办公室面谈吧!”次日,哈维·麦凯如约而至。哈维·麦凯为面试做好了充分的准备,谁知招聘会却变成了十分愉快地聊天。沃德兴致勃勃地谈到哈维·麦凯的父亲的那一段狱中采访,整个谈话过程非常轻松愉快。

聊了一会儿之后,沃德说:“我想派你到我们的直属公司工作,就在对街——品园信封公司。”

哈维·麦凯不但顷刻间有了一份工作,而且拥有最好的薪水和福利。

那不仅是一份工作,更是一份事业。42年后,哈维·麦凯已成为全美著名的信封公司——麦凯信封公司的老板。

在品园信封公司工作期间,哈维·麦凯熟悉了经营信封业的流程,懂得了操作模式,学会了推销的技巧,其中最大的收获就是他为自己积累了大量的人脉资源。这些人脉成了哈维·麦凯成就事业的关键。

哈维·麦凯常常对别人谈起自己的成功经历,他说:“感谢沃德,是他给我的工作,是他创造了我的事业。”

沃德,一个曾经身穿囚衣的犯人,都有可能成就一个人的人生和事业。因此,你不要忽视和放弃和周围每一个人建立好人脉的大好机会。你所认识的每一个人都有可能成为你生命中的贵人,成为你事业中重要的顾客。

好人脉能够为你创造机遇。不善于经营好人脉的人无法有效地把握迎面走来的机遇,常常与机遇失之交臂。拥有好人脉就拥有机遇。

“火花”收藏家吕春穆原是北京一所小学的美术教师。一天,杂志上刊登了一位教师利用收集到的火柴商标激发学生的学习兴趣和创作灵感的报道,他决定收集火花。为了能够尽可能多的收集到各种各样的火花,吕春穆展开了广泛的交际活动。他写了200多封索要火花的信发到各地火柴厂家,不久就收到六七十个火柴厂的回信,并有了几百枚各式各样的精美的火花。

此后，吕春穆主动走出去以“花”为媒，以“花”会友。广泛的交朋活动，使他在“火花”收藏方面取得了非凡的成就。1980年，他结识了在新华社工作的一位“花友”。这位朋友不仅仅送给他20多套火花，还建议他向江苏常州一位“花友”索购一本“花友”们自编的《火花爱好者通讯录》，由此吕春穆结识了国内100多位“花友”。吕春穆与各地“花友”交换藏品，互通有无；他利用假期，遍访各地藏花已久的“花友”，还通过各种途径与海外的集花爱好者建立起联系。就这样，广泛的朋友交往为吕春穆的成功创造了更多的机会。

吕春穆先后发表了几十篇有关火花知识的文章，还成为《北京晚报》“谐趣园”栏目的撰稿人。吕春穆的火花藏品得到了国际火花收藏界的承认，他也因此成为国际火花收藏组织的会员。1991年，他的几百枚火花精品参加了在广州举办的“中华百绝博览会”……吕春穆以14年的收藏历史和20万枚的火花藏品，被誉为“火花大王”而名甲京城，独领风骚。

很显然，吕春穆的成功得益于他为自己营造的好人脉。他以“花”为媒，结识朋友，再通过他们认识更多的朋友，一直把关系建立到全球，从而，一次次机会降临，使他走向了成功。

人们成功机遇的多少，与其交际能力和交际活动范围的大小是成正比的。因此，我们应把营造好人脉与捕捉成功机遇联系起来，充分发挥自己的交际能力，不断扩大自己的人脉网，发现和抓住难得的发展机遇，进而拥抱成功！

3 成功在于好人脉

每个人都将成功作为自己追求的人生目标，因为只有拥有事业的成功才是完美的人生。一个人的成长、发展、成功、成才都是在人际交往中完成的，甚至一个人的喜怒哀乐也都与他的人脉息息相关。没有人际交往人们不知道会面临什么样的遭遇,没有人际交往人们就组不成家庭、社会和国家,更谈不上个人的前途和发展。

在现实生活中,人们常会发现有些人很有才华和能力,却总得不到提拔和发展,其重要原因是缺乏好人脉。

美国流行这样一句话:智商(IQ)决定录用,情商(EQ)决定提升。人际关系专家曾向2000多位雇主做过这样一个问卷调查:“请查阅贵公司最近解雇的三名员工的资料,然后回答:解雇的理由是什么。”结果是无论什么地区、无论什么行业的雇主,70%的人都给出了这样的答复:“他们是因为与别人相处不来而被解雇的。”雇主们表示95%被解雇的员工是因为人际关系差,只有25%的人是因技术能力低下。

成就大事业的很多商界人士都意识到了人际关系对一个人成功的重要性,并有效地利用了自己的人脉。

曾任美国某大铁路公司总裁的史密斯说:“铁路公司的95%是人,5%是铁。”成功学大师卡耐基经过长期研究得出结论说:“专业知识在一个人成功中的作用只占15%,而其余的85%则取决于人际关系。”

现实告诉人们,无论你从事什么职业或专业,学会处理人际关系,你就在成功路上走了85%的路程,在个人幸福的路上走了99%的路程了。正因为如此,美国石油大王约翰·D.洛克菲勒说:“我愿意付出比天底下得到其他本领更大的代价去获得与人相处的本领。”

人际关系专家曾从各个不同的角度做了大量研究,结果都证明:越是懂得好人脉的重要性,那么人们在与人交往的过程中就越主动积极,其人际关系也越融洽,就越能适应社会,其工作业绩也越大。

莫洛担任美国摩根银行股东兼总经理的时候,年薪高达100万美元,后又担任了美国驻墨西哥大使,一时在美国声名鹊起。最初仅仅是一名法庭书记员的莫洛,后来缘何有如此惊人的成就呢?

莫洛一生中最大的转折点,就是他被摩根银行的董事们看中,被人们推上摩根银行总经理的宝座,一跃而成为全美商业巨子。据说摩根银行的董事们选择莫洛担当此重任,不仅因为他在企业界享有盛名，而实在是因为他在企业界和政府官员中具有好人脉。

“好人脉”，真是一个奇妙无穷的词。

吉福特本是一个小小的店员，后来任美国电话电报公司的总经理。他常常向人们介绍自己的成功经验。他认为人脉是一个人成大事的主要因素之一，人脉在一切事业里显得都极其重要。一点没错，拥有好的人脉关系是我们事业成功的必备条件，它是我们一笔不可多得的无形资产。

纽约市银行总裁凡特立伯向世人表示，自己在雇用任何一位高级职员时，第一步要了解的便是这人是否有为人称道的人脉。

著名魔术大师豪华·哲斯顿最后一次在百老汇表演的时候，《创富学》作者希尔曾经在大师的化妆室里待了整整一个晚上，向他不停地请教问题。哲斯顿，这位被公认为魔术师中的魔术师，前后四十年，曾到世界各地一再地创造幻象，迷惑观众，使大家吃惊得喘不过气来。共有六千万人观看过他的表演，而他赚了几乎两百万美元的利润。

希尔希望了解哲斯顿先生成功的秘诀。哲斯顿的回答令人吃惊，他说自己的成功与学校教育没有什么关系，因为他很小的时候就离家出走，成为一名流浪者，搭货车，睡谷堆，沿门求乞。年幼的哲斯顿是靠坐在车中向外看着铁道沿线上的标志而认识了字。于是希尔问哲斯顿，对魔术知识的掌握是否远远胜过别人？答案出乎意料，他告诉希尔，关于魔术手法的书已经有好几百本，而且有几十个人跟他懂得一样多。但他有一样东西，其他人却没有。那就是，哲斯顿不仅对魔术怀有深厚的热情，而且对他的观众非常真诚。他告诉希尔，有些魔术师会这样看待台下的观众：坐在台下的那些人是一群傻子，一群笨蛋；我可以把他们骗得团团转。但哲斯顿却与他们并不一样。他每次一走上台，就对自己说：“我很感激，因为这些人来看我表演，他们使我能够过一种很美好的生活。我要把他们当做朋友，并把我最高明的手法，表演给他们看看。”

哲斯顿每一次在走上台时,总是一再地对自己说:“我爱我的观众,我爱我的观众。”

希尔听完后总结说,哲斯顿的成功秘方就是如此简单,那就是富有爱心。很多观众甚至因此成为哲斯顿的朋友。

有付出就会有回报,只要用心去浇灌了你人脉这株大树,它必将结出成功的硕果!

4　播下种子就有收获

人们常说:人在四十岁以前是靠能力做事。四十岁以后则是靠人际关系做事!

这并不是说四十岁以后就不必用到能力。而是强调在四十岁之后人们的事业,应该善于运用人际关系,这样才能做得轻松,而且成效也大。如果还要靠自己个人的力量,当然也是可以做事,却很难有大的成就!

因此如果一个人在四十岁以后,若仍然无法为自己建立一个良好的人际关系,那么他的成就是有限的!

罗马城不是一天建造的,良好的人际关系并不是一日之间可以建立起来的。如果到了四十岁,你才认识到人际关系的需要,想建立自己的人际关系,就有些亡羊补牢的意思了。当然也会有成绩,但要看到成果,必须在三年,甚至五年后。因为良好的人际关系需要长时间的经营。人与人之间的了解需要时间,再从了解进一步到信赖,而这个过程短则一年半载,长则七八年,甚至三十年!三两天就“一拍即合”的人际关系往往是利益上的关系,基础很脆弱,这并不是好的人际关系,有时甚至会使你因此遭受毁灭性损失!所以,我们必须建立一种经得起考验的人际关系,而不是速成的人际关系,而要有好的,经得起考验的人际关系,就要有一种“播种”的观念,就像农民在田里播种那样!

要得到一棵果树,必须先有种子,而“播种”是获得果树的必要条件。也许种子会腐烂,不发芽,但不播种,就绝不会有果树长出来!经营人际关系也是如此,你的用心是人际关系的必要条件,虽然不一定会有好的回应,但没有用心,你就无法与别人建立并保护一种良好的人际关系。即使有人主动来和你建立关系,你也要“用心”地回应,这关系才会持续下去!你若冷淡以对,所有的人都会远离你。

有些种子会在节气到时发芽,但有些却并不这样,像有些干燥的地方,种子可以在土里深埋数十年,但雨水一来,就迅速发芽。经营人际关系也是如此,有时你的用心很快就会从对方那里得到回馈,但有时却得不到。至于什么时候才能得到“回馈”,你不必花心思去期待,只要你播下了友谊的种子,“机缘”一到,它自然会发出芽来!而这发芽的时间,有可能是在你四十岁时、五十岁时,虽然时间较长,但总是有希望的。

并非每颗发芽的种子都能长大成树。你得小心勤快地为种子灌溉、除草、施肥,它才会有可能长大成树,开花结果。人际关系也是如此,你也必须以热心、善心来维护它,尤其不可“拔苗助长”。急于收获果实,这只会破坏你的人际关系,并且,一旦你这种“拔苗助长”的作风在人们中散播出去,会成为你的负担。

播的种子越多,发的芽也越多。一段时间之后,你会获得一片森林,那时收获的果实将令你感到欣慰。人际关系也是如此。人们在年轻时用的心多,交的朋友当然多,纵然有一些“不发芽”的。但是经过一段长时间的累积,你的朋友还是很多,那时这种人际关系就是你的果树林,而你必然能享受这些甜美的果实。

无论你处于什么样的年龄阶段,无论你现在的人际关系如何,不必急,用“播种”的态度来经营自己的人际关系,而且越早播种越好。在不久的将来,你定能够享受到收获的喜悦,试着和任何人说话,即使对方不是你心里所想象和期待的人。即使在街上碰到的陌生人,都可能成为你事业成功的桥梁。现代人视力不佳,近视眼很多,还有更多是“势利眼”。他们看近不看远、看富不看贫,对于没有利用价值的人,或是职位比较低的人颐指气使,相反的,对于可以帮助自己升迁或比自己地位高的人,则极尽巴结奉承之能事。

在人际关系互动中,很多人常陷入这样一种情绪:对人家好就希望获得回报,万一结果不如预期,就会陷入怨天尤人的心情,或是选择性的付出。这种锱铢必较的交友方式,必然很难结交到真正的朋友,也必然会在人际交往中常陷于付出了得不到回报的失落心理。其实,交友持有一种付出了就会有回报的心态,现施现报的心理,对于结交朋友极为不利。我们应这样想:我对人好,是我自己的事情,至于别人要不要也对我好,那是他的选择。

大华公司的总经理长期承包电器公司的工程,对这些公司的重要人物常施以小恩小惠,这位总经理的交际方式与一般企业家的交际方式的不同之处是:不仅关注公司要人,对普通的职员也服务周到。

谁都知道,这位总经理并非无的放矢。事前,他总是想方设法将电器公司中各员工的学历、人际关系、工作能力和业绩,作一次全面的调查和了解,认为这个人大有可为,以后会成为该公司的要员时,不管他有多年轻,都尽心服务。这位总经理这样做的目的是为日后获得更多的利益作准备。他明白,只有对所有员工都热情周到的服务,才能获得长久的合作,赢得更加丰厚的回报。

所以,当他所看中的某位年轻职员晋升为科长时,他会为他祝贺,赠送礼物,同时还邀请他到高级餐馆用餐。年轻的科长很少去过这类场所,因此对他的这种盛情款待自然倍加感动,心想:我从前从未给过他任何好处,并且现在也没有掌握重大交易决策权,他却如此热情!无形之中,这位年轻科长自然产生了感恩图报的意识。

正在受宠若惊之际,这位总经理却说:"我们企业公司能有今日,完全是靠贵公司的抬举,因此,我向你这位优秀的职员表示谢意,也是应该的。"这样说的用意,是不想让这位职员有太大的心理负担。

这样,当有朝一日这些职员晋升至处长、经理等要职时,还记着他的恩惠。因此在生意竞争十分激烈的时期,许多承包商无缘和他们合作，而大华公司却仍旧生意兴隆，其原因是由于他平常关系投资多的结果。

或许你种下的因，不一定马上产生结果，但是总有一天你会看见。“人脉”永远是你最大、最宝贵的资产，实现成功的目标需要很多“贵人”的协助，拥有越丰富的人脉，就有更多机会获得“贵人”相助。

5 利用一切人脉成就辉煌

人们常常认为比尔·盖茨今天真正成为世界首富的原因，是因为他掌握了世界的大趋势，还有他在电脑上的智慧和执著。其实比尔·盖茨之所以成功，除这些原因之外，还有一个最重要的因素，就是比尔·盖茨拥有相当丰富的人脉资源。

创立微软公司的时候，比尔·盖茨只是一个 IT 领域中无名小卒，但是在他 20 岁的时候，签到了一份大单。

假如把营销比喻成钓鱼的话，是捕大鲸鱼，还是钓小鱼比较好呢？几乎所有的人回答肯定是大鲸鱼。因为捕一只大鲸鱼钓便可以让人们吃一年，但钓小鱼的话得天天去钓。比尔·盖茨在 25 年前创业的时候，他就十分清楚地认识了这一点。所以他一开始就准备捕一条大鲸鱼。

比尔·盖茨 20 岁时签到了第一份合约，这份合约是跟当时全世界第一强电脑公司——IBM 签的。

当时，他还是位在大学读书的学生，根本没有太多的人脉资源。那么他如何捕到这么大的“鲸鱼”？很少有人能够知道其中的奥妙。原来，比尔·盖茨之所以可以签到这份合约，中间有一个十分关键的中介人——比尔·盖茨的母亲。比尔·盖茨的母亲是 IBM 的董事会董事，妈妈介绍儿子认识自己的同事董事长，这不是很理所当然的事情吗？假如当初比尔·盖茨没有签到 IBM 这个大单，顺利地掘到第一桶金，成功地迈出进军 IT 业的第一步，相信他今天绝对不可能拥有几百亿美元的个人资产。

比尔·盖茨最重要的合伙人——保罗·艾伦及史蒂芬。他们不仅为微软贡献了他们的聪明才智,也贡献了他们的人脉资源。合作伙伴的人脉资源使微软能够找到更多的技术精英和大客户。

比尔·盖茨有一个非常要好的日本朋友叫彦西,他为比尔·盖茨讲解了很多日本市场的特点,为比尔·盖茨找到了第一个日本个人电脑项目,以此来开辟日本市场。同时,雇用非常聪明、能独立工作、有潜力的人来一起工作。

比尔·盖茨说:"在我的事业中,我不得不说我最好的经营决策是必须挑选人才,拥有一个完全信任的人,一个可以委以重任的人,一个为你分担忧愁的人。"

比尔·盖茨的成长经历,想想自己的现状,我们比比尔·盖茨还少些什么呢,人脉。也许并非所有的人都缺乏成就事业的人脉,但是缺乏重视人脉的思想。从现在起,开始注重培育并且利用你的人脉吧,他会让你和比尔·盖茨一样拥有财富和成功。

6 人脉越好,事情就越好办

每个人都有自己的朋友,而他们的朋友又有自己的熟悉的人,于是人与人之间如同链子一样环环相扣,结成了一张硕大的关系网。好人脉往往是成大事者的关键因素。因此,如果你要顺利地排解生活与事业中的难题与障碍,就要有好人脉,因为人脉越好,事情就越好办。

赢得好人脉的前提,不是"别人能为我做什么",而是"我能为别人做什么"。

吉田登美子在1976年进入三井人寿保险公司京都分公司时,仅是公司直属企业FD的一名普通的保险理财顾问。但她却善于营造自己在顾客中的好人脉,从而迅速地成长为日本著名保险经纪人。

进入三井人寿之初,吉田登美子所做的第一件事情,就是挨家挨户地去拜访客户，她要与他们建立并保持良好的业务关系。

一天，吉田登美子离开客户的公司去车站搭车。当她匆忙地赶到月台时，电车正好开走，而下一班车还得再等 30 分钟。吉田登美子突然看到月台对面有一块医院招牌，于是她大步来到这家医院。才到门口，吉田登美子便凑巧撞上一位穿着白衣的医生。吉田登美子一时头脑反应不过来，便劈头直说："我是三井人寿的吉田登美子，请你投保！"

遇上这么一位冒失的推销员，医生一时间也哑口无言。可是医生当时正巧刚刚结束了一个病诊，心情很好。当时，没有什么事情可做的医生对吉田登美子的单刀直入产生了兴趣。

"这么简单就要人投保呀？有意思，进来聊聊吧！"

在那位医生的办公室里，吉田登美子将平时所学习掌握的保险知识全盘托出。但是，医生却告诉她，他早已买了好几份保险，也知道她还是保险推销的新手。可是看吉田登美子的服务态度十分认真，医生不忍心让她过于失望，于是真诚地说："保险实在高深莫测，说实话，我已经保了五六张，每次都被保险推销员说得天花乱坠，可事后心里还是一塌糊涂。这里有我两张保单，就当是你学习，给你拿回去，评估评估好了。"

吉田登美子带着保险单分别拜访了这位医生投保的两家保险公司。在确认保单的内容之后，她为医生制作了一本图文并茂的解说笔记，又用笔画下重点，好让医生容易了解。

当医生把解说笔记交给他的会计师看时，会计师极力称赞吉田登美子的这份评估报告，而且还当面建议医生要买保险就最好向吉田登美子买，因她对于保险知识了解得十分透彻。于是，医生正式要求吉田登美子为自己重新组合设计已有的那六张保单，以便以较少的投入收获更大的效益。

吉田登美子根据医生的实际情况，建议将死亡保险转换为适合中老年人的养老保险与年寿保险。吉田登美子对待客户的热诚态度，获得了医生的好感。这位医生不但为吉田登美子带来一份高额定期给付养老保险契约的业绩，同时也给了她一次难得的比较各家保险公司保险商品的机会。

后来，这位医生感激吉田登美子给予保险方面的真诚建议与帮助，又将她介绍给几位要好的同事。这几位同事，也都请求吉田登美子为他们评估现有的保单。而她也不厌其烦地为他们制作解说笔记，详细记录何时解约会得到多少解约金、不准时缴费的结果、残废后的税赋问题等。

吉田登美子通过客户的层层介绍，由一个医生团体介绍到另一个团体。就这么辗转引介，吉田登美子终于拥有最高医师客户占有率的保险推销员头衔。

随后，通过不断地运用由一个朋友到一批朋友的方法，吉田登美子扩大现有的保险市场，同时努力建立良好的客户关系。因为她与客户的关系极为良好，拥有极佳的人脉，许多客户就会以“回馈一张保单”的方式，向吉田登美子表达谢意，并且一再地为她介绍几位新客户，使她的业绩一直保持着最高记录。

由此看来，生活中，多一份好人脉，就少一份烦恼。一个好的人脉就是一张广大而伸缩自如的关系网，拥有这张网你就可以活得轻松自在、潇洒自如，塑造一个完美的人生。

7　善缘铺就成功路

那些令人羡慕的成功者，除了他们本身具有一些优越的条件外，还有一点，就是他们身边有一群非常要好的能够为他提供各种帮助的朋友。这些朋友帮他出谋划策，对他提出一些较高的要求，不让他有丝毫的松懈和半点的放弃。

为了取得成功，我们也需要有这样一群良师益友，需要有这样一张良好的人脉网络。

人际关系对一个人事业的成败及生活的好坏具有极大的影响，是人生布局中最重要的一个环节。成功在很大程度上取决于一个人拥有良好的人际关系。因此,与合适的人建立稳固的关系对我们每个人都至关重要。

良好的人际关系能开拓你的视野,能让你随时了解周围所发生的事情,能提高你倾听和交流的能力。总之,它对你事业的发展有重要的作用。

纽约时报的记者曾经问过美国前总统克林顿这样一个问题,即他是如何保持自己的政治关系网的。克林顿回答说:“每天晚上睡觉前,我会在一张卡片上列出我当天联系过的每一个人,注明重要细节、时间、会议地点以及与此相关的一些信息,然后输入秘书为我建立的关系网数据库中。这些年来朋友们帮了我不少。”

克林顿认为,人脉关系对一个想成就一番宏伟事业的人是极其重要的。他意识到了其对自己事业发展的重要性,从而发挥了人脉关系的重要作用,推动了自己事业的发展,促成了自己的成功。

好的人脉关系是通向成功的铺路石。然而,我们优秀的关系网络都是双向的。如果你仅仅是个接受者,无论多么好的人际网络都会疏远你。你要主动地关注帮助他人,向别人伸出你援助的手,付出你爱心,与之结为挚友,这样,别人才会在你求助或你遇到困境时,拉你一下,把你送上成功之路。

无论何时何地,朋友之间的交往都十分重要。善于交朋友的人不仅生活得快乐自在,而且事业成功的机遇多,并且时时可以得到众人的帮助。因此,一个人的人脉如何,交友能力如何,实际上反映出他人生布局的能力。

随着社会的发展进步,友谊被赋予的内涵十分丰富。生活中,友谊也常会受到利用而被玷污,友谊的误区比比皆是。不过,更多的人们还是坚信:有了朋友,生命才显示出全部的价值。罗曼·罗兰说:“智慧友爱,这是照亮我们黑夜的唯一的光亮。”生活于社会中的人们,不仅要和睦相处,还应该互相帮助,互相尊重,互相关心。

你必须为你周围需要你的人贡献你诚挚的爱,学会用正当的方法来赢得一个人的心,那样你才能在人生的路上一路好走。

我们经常会发现生活中有这么一种现象:有的人人缘看起来挺不错,新朋友一个接一个,但是真正需要帮忙的时候,只怕一个可依赖的朋友也没有。

其实,交朋友有点像晒梅干。梅干起初也是新鲜的果子,经过一番时日的酝酿,才制成后来的美味。朋友自然也是由生而熟,在长时间的交往之中,各种不同的思想见解,经由交流和冲突而致融洽。两个不同价值观、不同思想的人,要完全彼此理解配合默契,需要时间,时间是最好的考验。只有在面临变故的时候,能够共患难的人,我们才称之为朋友。

如今,各行各业的人们离开原有的单位,开始新的选择,他们中有一些人开始以内向、能力不足的模样进入商界,可是过一段日子后,这些人就变得有信心、有能力。是什么使他们有了这么巨大的变化呢?原来在许多情况下,这些人过去一直生活在消极的环境中,而且周围的人也不断地在他们心灵中注入消极的因素,并且告诉他们哪些事情不能做。这些人在进入商界之后即意味着在环境与同事方面是一种极大的转变。现在,每一个人都开始向他们说,他们能做些什么,他们从经理与同事那里听到了积极的叙述。他们每天都看见这种工作与生活方式在各方面产生的结果。由于他们发现这种喜欢自己的做法实在有趣,所以他们通常会很快改变自己的形象。

与积极的人交朋友,你的思想就会积极起来。与消极的人在一起,你也会变得墨守成规,裹足不前。这是因为与别人相处时,你会获得你周围的人的大部分思想、举止与个性,你的情商也会受到你的环境与伙伴的影响。

8 用真心赞美他人

如果你身边都是正直又有能力的人,而这些人又和你有相同的方向及类似的价值观,你会发觉常常慷慨地将功劳归于他人并不是件困难的事。感谢那些帮助过你的人,公开地感谢他们的协助及贡献,对他们宝贵的意见及努力心存感激。

关于感恩,你经常会发现自己接收到的谢意,往往比付出的更快、更多。

一个小男孩非常淘气,他做了错事常常受到妈妈的批评,于是小男孩非常恨他的妈妈,就跑出家,来到山腰上对着山谷大喊:“我恨你!我恨你!我恨你!”山谷传来回应:“我恨你!我恨你!我恨你!”

小男孩大吃一惊,然后,跑回家去告诉他妈妈说,在山谷里有个可恶的小男孩对他说恨他。于是妈妈就把他带回山腰上并让他喊:“我爱你!我爱你!”男孩按他妈妈说的做了,这回他发现有个可爱的小男孩在山谷里对他喊:“我爱你!我爱你!”

生活就像山谷产生的回声一样,给予你相应的回应,你付出什么,就会得到什么;你播种什么,就会收获什么;你能在别人身上看到的东西,你自身也一样具备。

尽管获得别人的称赞不应该成为你赞美他人的动机,但往往你得到的赞美会比你给予别人的更多。当你真诚地感谢他人,大方地赞美他人,并对他人的努力怀有发自内心地敬意时,你其实是肯定了他们的价值,结果人们将乐意与你为伍,提供给你更多的帮助。

你现在所取得的成就并不完全是由你一个人造就出来的,即使你不曾正视也不曾意识到这个问题,但可以肯定一定有人曾经帮助过你。当你能公开地对自己及他人坦然承认,你并非独立达成这些耀眼的成就,所以不能独享荣耀时,一种完美和谐的感觉会在你的内心和你的人际关系中逐渐浮现。你与朋友之间的相互的感激与温暖的友谊使彼此不但共享成功的果实,且彼此相互鼓励,不断地成长。

开始赞美你身旁的人吧！告诉他们你真的爱他们,赞扬他们的贡献,并对他们为公司、为某一部门,或某个团体所做的一切,说声“谢谢!”因为播种赞美,你就会收获赞美。

9　不要轻易制造“敌人”

人们永远不会知道,何时会需要眼前这个人的帮助。如果你一时不小心损害了他人利益,伤害他人自尊,可能又为你自已制造了一个“敌人”。

其实,这种情形是可以避免的。人生旅途中的荆棘已经够多了,你没有必要为自已设置更多的障碍。

在人际关系复杂的今日社会,任何一个名不见经传的人,都可能创造辉煌的业绩。毕竟这是个努力就会有收获的年代,不是那种贵族会坐马车,平民用脚走路的年代。如果有谁仍想用以貌取人的方式来生存,不多久就会遭到社会的淘汰。

如果有谁现在还以为有钱人一定会用名牌,没钱的人一定用地摊货,想以这种短视眼光来评量一个人,那是不太聪明的。

一次,英国剑桥大学的校长办公室,来了一对其貌不扬,衣着十分普通的夫妇,他们对秘书说要拜访校长。秘书看了看这两个人的衣着,心想不是重要的来宾,请他们坐下后,便不愿传达。三个小时后,秘书发现夫妇还在等候,无奈之下只好传达,校长不耐烦地出来,问:“请问有何贵干?”

“先生,是这样的,我儿子生前在这所学校学习生活得很快乐,我们夫妇想建座纪念建筑来纪念他短暂的生命。”夫妇说。

校长看了看他们,冷冷地回答说:“这是不可能的,如果每个人死后都想在这里建纪念碑的话,这座校园早成墓场了!”

“不，先生你误会了，我们夫妇俩是要建一座学院来纪念他，并不是要建碑。”夫妇急忙解释。

校长和秘书一听，望了一眼穿着普通，走入街头人群就很难再分辨的一对夫妇，他俩不禁轻笑出声，说：“我们学校建筑是很讲究的，每一个学院要五百万美金，你们付得起吗？”

夫妇俩惊讶地看着校长和秘书。校长和秘书一见他们的表情，在心里轻笑：“不自量力的家伙。”

没想到夫妇竟说：“早知道建一座学院只要五百万美金，我们不如建一座学校来纪念他。”

夫妇俩站起身来走了，只留下身后惊愕不已的校长和秘书，他们没想到其貌不扬的夫妇，竟有如此雄厚的财力。后来，这夫妇真的就建了一所属于自己的大学，这便是斯坦福大学的由来。

以貌取人，想当然地看不起他人是多么的悲哀，多么的愚蠢。人们永远不要想当然地看不起，不尊重某个人，否则你就为自己设置了一个障碍。人生的际遇不是任何一个人所能预设的，但你至少可以做到：不制造“敌人”。

10 增强你的亲和力

拥有良好的人际沟通和亲和能力是每个人都梦寐以求的，良好的人际关系和亲和力会给你带来种种的好处。它不仅使你获得更多的友情，感受到人与人之间的关爱与温暖，还使你获得更多的人际资源，让你获得意想不到的好前途和好机会。

生活在这个世界上，每天都必须要与人打交道。无论是作为一名销售人员，还是作为一名科研工作者，或者是一名行政管理人员，良好的人际沟通能力都是通向你事业成功的桥梁。一个具有良好人际关系与亲和力的人在工作中会有很好的人脉，也容易得到同事的支持和鼓励。

如果你想具有这种良好的人际关系和亲和力，首先要深刻地认识自我。人贵有自知之明。只有深入地了解自我，你才能有了解他人的基础。所以先深刻地认识自己才是真正具备良好的人际亲和力的基石。每个人在成长的过程中，都会有一些创伤和问题所在。他也许会在童年时代感觉到自卑，或者自傲，或者是事事以自我为中心，或者曾经遭受到各种各样心灵上的创伤。这些问题的存在，都会影响到成年之后的良好人际亲和能力的培养。深刻地认识自己和了解自己，不让童年时代的阴影影响现在的人际交往是以自我反省为开始。

你要增强自己的亲和力，就必须不断地进行人际交往实践，并加强自我在实践中的体验和感受。

劳伦是位来自洛杉矶、经验丰富的女商人。她有着时髦的行头，讲究品味。劳伦因为想放慢生活节奏，得到更多的归属感，而搬到西南部的一个小城镇。

尽管她喜欢这个城市和那里的居民，但是她感到她不受欢迎。最终，她的同事给她指出，她的穿着和交谈方式让当地人觉得她在装腔作势，高人一等。

从那以后，劳伦特意穿得很随意，与人谈论当地的事情，多参加社交活动，试着让自己更加容易接近。虽然一开始她很不舒服，不习惯穿卡其布，不习惯谈论经营牧场。但是她发现，她与新邻居和同事更加容易交流了。

人人怕被拒绝，这是人的天性。如果你具有亲和力，不摆架子，也不高人一等，那么别人就会感觉你很“安全”，也就减小了对你的戒备之心，开始接受并欢迎你。

深入了解自己并进行人际交往的实践是加强人际亲和能力的重要过程。在人际交往中，别人作为一面镜子，可以折射出自己的某一面，从别人的身上，可以看到自己心灵中自己看不到的侧面。在与他人的交流和实践中，又可以不断强化自己的实战能力，随时的修正自己。有人在童年时期很少与人交往。虽然他们曾经是一个快乐活泼的孩子，可是由于封闭的家庭环境，他们和人交往的潜能被压抑了。他们成年以后渐渐成为一个木讷寡言、容易紧张、容易害羞的人。有的人因为生活所迫，不得不去谋生，如做销售等专门和人打交道的职业，渐渐地他们和人交往的能力在实践中就无形地增强了。生活证明，实践是增强人际亲和力的必经课程。

要增强自己的亲和力，就应该扩大自我意识，加强人际包容能力，加强对他人的理解能力。每个人都有一个特定的成长环境，家庭环境和社会环境给其自我意识打下了一个烙印，使你对人产生独特的看法。这些观点在和其他人交往的时候，都会影响到对他人的评价。当你是从自己的世界观、人生观和价值观去评价他人时，就无法深入理解他人内心深处的感受。所以在洞察自我的基础上，在人际交往中，如果你能够不断的放下自己固有的价值观标准，能耐心倾听来自他人内心深处的声音，便会看到一个个与自己不同的全新的内心世界。在这样的过程中，你的自我意识就会扩张，对人的理解能力也在增强。一个能深入理解他人的人其人际亲和力自然就会增强了。

你要增强自己的亲和力，就要防止烦躁情绪的干扰和破坏。当你处在高度的压力下，就会出现焦虑的情绪。当你许多内在的情感需求得不到满足时，它们就会不断地从潜意识中浮现出来，便会使你变得烦躁不安。虽然懂得人家交往的原则，可是生理状况不允许你做得很好，所以你不由自主地发脾气，会因为一点鸡毛蒜皮的小事而生气。这样渐渐地在无形中便会给自己的人际关系增添许多麻烦，亲和力就会下降。所以劳逸结合，工作和生活兼顾，紧张和松弛并存，你首先要有了一份好心情，才能有良好的人际亲和力。

第四章　合作力:职场凝聚力的黏合剂

如今的时代,单打独斗无法给自己带来成功,任何成功都不会是孤立产生的。即使聪明绝顶的人,也离不开他人的支持。一个人的力量有多大,不在于他能举起多重的石头,而在于他能够获得多少人的帮助。没有人可以独自成功,要想有所成就,就必须懂得如何与他人合作,取他人之长补自己之短。借助团队的智慧,让众人的力量成就你非凡的辉煌!因此,不管你做什么事,都会以某种方式与别人发生着关联。协作产生的合力不可估量。协作播下友谊的种子,收获丰硕的果实。

1 “独行侠”时代的终结

这是一个强调合作的时代，这是一个告别个人英雄主义的时代，这是一个高效率的时代。

美国著名活动家韦伯斯特有一句名言：“人们在一起可以做出单独一个人所不能做出的事业，智慧、双手、力量结合在一起几乎是万能的。”一个人只有融入团队才能生存、成长。放眼一流的工作团队，之所以出类拔萃，是因为其中的成员相信团队，抛开自我，一致为整体的目标奉献心力的结果。

美国生物学家沃森和英国生物物理学家克里克之间的默契合作一直被科学界传为佳话。他们之间的合作也是一个相互取长补短、共同进步的范例。

1953年3月7日，沃森和克里克夜以继日、废寝忘食地工作，终于将他们想象中的DNA模型搭建成功了。

沃森和克里克的模型正确地反映出了DNA的分子结构。此后，遗传学的历史和生物学的历史都从细胞阶段进入了分子阶段。

沃森和克里克的性格并不相同。沃森的发散思维独步天下，经常能有异想天开的创举，对他来讲，没有思维和科学的框架，天马行空一样，根本不按常理出牌；而克里克正好相反，他以严谨的逻辑推理著称，没有经过严密的推理得出的结论，是不会被他认可的。

但是，他们确实是互补的一对。沃森的突发奇想，经过克里克的严密论证，促成了DNA双螺旋结构的问世。假设他们分开来研究，沃森很难使他的突发奇想成为现实，而克里克恐怕也只能在前人的理论基础上苦苦徘徊。

合作的重要性不只体现在科研领域，在企业的发展中也是至关重要的。每一个人，因为性格、学识，阅历等各方面的限制，很难独立完成一项创造性的工作,只有把自己融入团队中的人才能取得成功。要融入团队,必须有团队意识,而要让自己拥有团队意识,首先就要摒弃“独行侠”的思想,和狂妄、自视清高、刚愎自用坚决作别,代之以众人拾柴火焰高,众志成城、齐心协力的团队意识。

在专业化分工越来越细、竞争日益激烈的今天,靠一个人的力量是无法面对千头万绪的工作的。一个人可以凭着自己的能力取得一定的成就,但是把个人的能力与别人的能力结合起来,就能取得更大的令人意想不到的成就。一位哲人曾说过这么一段话:你手上有一个苹果,我手上也有一个苹果,两个苹果加起来还是两个苹果。如果你有一种能力,我也有一种能力,两种能力加起来就不仅仅是两种能力了。

总之,作为一名员工,应该以你的思想感情、学识修养、道德品质、处世态度、举止风度,做到坦诚而不轻率,谨慎而不拘泥,活泼而不轻浮,豪爽而不粗俗,和其他同事融洽相处,并且迸发出前所未有的勇气和能量。独行侠一个人仗剑天涯固然潇洒,但是团队作战更有惊心动魄的魅力。

2 将个人目标融入团队目标

团队有自身的规划和目标,这和我们个人的目标是不一样的。如果只顾着自己忙,不去关心团队的目标,不与团队共发展,最后忙碌的结果很可能是无效的。倘若没有将自己的目标与团队的目标结合起来,你的努力注定是在“瞎折腾”。

将团队的目标与个人的目标完美地结合起来,这就是共同愿景。愿景是高于现实的愿望,这个愿望是具体的、明确的、清楚的,当我们用语言描述它时,会在脑海里出现一幅生动的图像,如果这个图像比现状更加美好、更令人向往、更清晰,就能成为我们工作的动力。

古希腊哲学家苏格拉底说:“不懂得工作意义的人常视工作为劳役,则其身心亦必多苦痛。”很多人认为工作是一种煎熬,他们体会不到工作的乐趣,原因有很多,欠缺对组织的归属感是其中的主要原因。缺乏归属感的人,没有将个人目标融入企业愿景、只为工作而工作的人,他们一定会对工作失去热情。

一个人再完美，也只是一滴水，一个团队却是广阔的大海。一个人只有把自己的理想、抱负融入团队的奋斗目标，才能更快更好地实现他的人生价值。如果我们在工作中只顾埋头苦干，不懂得与每个团体成员进行有效的沟通，保持密切的合作，甚至丢弃了自己的团队荣誉感，只为求个人的表现，打乱了团队工作的秩序，这样不仅破坏了团队的工作，也可能给自己的职业生涯造成致命的伤害。

苹果公司创始人史蒂夫 22 岁就开始创业，从赤手空拳打天下，到拥有 2 亿多美元的财富，他仅仅用了 4 年时间，不能不说史蒂夫是一个有创业天赋的人。然而，史蒂夫因独来独往，拒绝与人团结合作而吃尽了苦头。

他骄傲、粗暴，瞧不起手下的员工，像一个国王一样高高在上。他手下的员工都像躲避瘟疫一样躲避他，很多员工甚至不敢和他同乘一部电梯，因为他们害怕还没有出电梯之前就被史蒂夫炒鱿鱼了。

就连他亲自聘请的高级主管——优秀的经理人、原任百事可乐公司饮料部总经理的斯卡利都公然宣称："苹果公司如果有史蒂夫在，我就无法执行任务。"

对于二人势同水火的形势，董事会必须在他们之间决定取舍。当然，他们选择的是善于团结员工、和员工拧成绳的斯卡利，而史蒂夫则被解除了全部的领导权，只保留董事长一职。

其实个人目标和团队目标并不冲突，一个人只有从团队的角度出发考虑问题，才能获得团队与个人双赢的结果。

作为工作中的一个个体，员工只有充分融入企业中，他的才能才可以得到充分的发挥。当你在一个企业或团队中工作时，这个企业或团队就已经和你的人生联系在一起了。

将团队的目标与个人的目标完美地结合起来，这就是共同愿景。团队的目标就是你个人的目标，团队的成功就是你个人的成功，团队的失败当然也就是你个人的失败。在成功的团队中，即使你不是万人瞩目的英雄，也是个成功者；在失败的团队中，没有成功者，更没有英雄存在。所以，你一定要与你的团队同呼吸，共命运，共同承担责任，共同抵御风险，共同创造辉煌，为创造出优秀的业绩而不懈奋斗。

3 团结就是凝聚力

团队内部各个成员为了团队的共同利益而紧密协作，从而形成强大的凝聚力和战斗力，最终实现目标。

蚂蚁是自然界最团结的动物，这种团结在遇到危机的时候，表现得最充分。当蚂蚁的巢穴面临洪水的威胁，它们的生命系于一线时，它们会牢牢地聚在一起，形成一个巨大的蚁团。当洪水袭来，蚁团外围的蚂蚁被洪水无情地卷走了，这些蚁团被一层层地掀下来，但是仍有部分蚂蚁幸存下来。同样，当大火袭来，它们也是采取这种方法，虽然外围蚂蚁一个个地牺牲，但是这个蚁团并不散开。这就是著名的“蚁团效应”！一个团队里的每一个成员要都有这种蚁团精神，凝聚在一起，那就没有过不去的火焰山。

因为团结就是凝聚力，就是战斗力，所以很多公司都是以团结意识作为衡量员工的标准。但是，仍然有很多公司里人际关系太冷淡，缺乏团队意识。詹姆斯刚参加工作时，他所在的公司就是一个人情冷漠的公司。上班顶多打个招呼后，就开始各干各的，从早上九点上班到晚上七八点，大家都懒得说句话，简直没有人际交流。有的人新来到公司，也不与大家打招呼，进门就工作，过几天又跳槽了，大家连他是谁都不知道。在他进入公司的第三个月，公司就因为人员之间缺乏沟通，在工作中出现大的失误，公司因此一蹶不振。当然，这有公司领导失误的原因，但是根本原因还是那些没有团队意识的员工。

一只蚂蚁的力量是微弱的，一群蚂蚁的力量是不可低估的。但是那些没有团队意识的人，一个人的力量是微弱的，一群人的力量则更微弱。只有那些能够团结在一起的人，才能真正形成一个团队的力量。

团结就是力量，一群蚂蚁可以抬起自己体重几百倍的东西。

公司是一个集体，你作为其中的一只小蚂蚁，是微不足道的，只有和其他蚂蚁联合起来，才能有所作为。不要只关心自己的工作，也应该知道同事在哪里工作，观察他们怎样工作，诸如前台接待人员怎样问候陌生人之类的事情也可能对您有所启发。

我们应该向蚂蚁学习。在蚂蚁的世界里，有严格的组织分工和由此形成的组织框架。蚂蚁集结的时候能自我组织，不需要任何领导人监督便能够根据环境变动，迅速调整，找出解决问题的答案，有条不紊地完成工作任务。

蚂蚁的这种智慧被科学界称为“蚁群智慧”。举例来说，两只蚂蚁发现食物后，它们同时离开巢穴。它们会分别走两条不同的路线回到巢穴，边走边释放出一种它们自己才能识别的化学外激素做记号，先回到巢穴者会释放出更重的气味。当其他蚂蚁闻到较重的味道时，就会走较短的路线去搬运食物。显而易见，这种“蚁群智慧”的力量是一加一远远大于二，蚂蚁的团队意识是一个自觉意识，并没有任何蚂蚁去督促，因为它们有着共同的利益。同样，公司和员工也有着共同的利益，公司和员工都应该充分认识到这一点，团结在一起，协调作战。

为了团队目标，团队的成员应该团结在一起，以便最大地调动主观能动性，挖掘成员的个人潜能，实现个人价值的最大化，最终推动团队业绩的整体提高。

一个组织有凝聚力，才有战斗力。团队的成员聚在一起，就应该有团队意识。融入团队，服从团队的最终利益，不用督促，不怕牺牲，为了团队的胜利发挥自己的力量，这样的团队是战无不胜的团队，这样的员工是最有活力的员工。

4 在合作中追求卓越

团队是一种合作，这种精诚合作能创造奇迹，使公司迅速发展壮大，但不团结的合作却能毁掉一个勃勃有生气的公司。没有良好的团队意识就没有优秀的团队,也就没有超能力的合作。团队意识不是要求个人在团队中趋于平庸,而是在合作中寻求卓越。

中国俗语说:一个和尚挑水喝,两个和尚抬水喝,三个和尚没水喝。但英国人是这样讲的:一个人做生意,两个人开银行,三个人搞殖民地。如果我们光盯在自己的工作任务上或者自己的名利上,而没有一个团结合作意识,那么人越多,我们就越没有水喝。这种合作就无法追求卓越。

要追求卓越,每一个员工一定要维护团队的利益。我们一再强调这个问题,因为这是团队意识的核心。合作必有一个基础,不管是为了获得成功还是获得个人利益的最大满足。存在这样的基础就有合作的可能性,与他人合作,无疑是获得成功的最佳方案。一旦合作就应该注意彼此间的信任,只有厚实的信任作为合作的保证,才能使合作良性发展。这个基础就是团队的利益。团队的利益关乎每个成员的个人利益,如果你因为自己的利益而损害了团队的利益,那你也就损害了其他成员的利益,还能获得别人的信任吗?谁还愿意与你合作呢?相反,如果你做任何事情都以团队利益为主,就维护了其他人的利益,大家自然愿意同你合作,也会在你有困难的时候对你施以援手了。

为了更好地合作,团队内部的沟通是十分必要的。因为个体的差异性,团队中会有不同的观点,这是正常的。但是,当最终某一问题已经制定出相应的决策的时候,还有个体盲目地坚持己见,不按照团队的计划行事,这就造成了团队内部的消耗。正确的工作得不到执行,有能力的人却在从事无关紧要的工作。于是 1+1<2 也就出现了。

要想追求卓越,团队里的每一个人都必须能够与整个团队不断沟通,并且能够虚心倾听其他成员的意见。作为团体,成员的倾听能力是保持团队有效沟通和旺盛生命力的必要条件;作为个体,要想在团队中获得成功,倾听是基本要求。在对美国 500 家最大公司进行的一项调查表明,超过 50%的公司为他们的员工提供听力培训。管理学家研究证明:那些是很好的倾听者的员工比那些不能倾听的员工更为成功。

当然,在沟通中,你可以有自己的意见。只要它不是必须为团队其他人所接受的,你可以保留它,但不能在团队已经做出决策以后,还固执己见,不按照计划工作,甚至故意破坏计划的进行。那么,即使你是正确的,别人按照决策进行却没有得到预期的结果，也不会对你佩服，反而认为你是一个只会搞破坏的人。不但你的价值体现不出来，而且团队的合作也被你破坏了。

与团队合作，追求卓越，就要融入团队，遵守团队规则。既然团队是一个群体，那么群体交往过程中就会有一定的规范，也可能表现为一种制度。作为个体，在自己努力遵守这些规范的同时，他会在意其他人有没有遵守。如果有人没有遵守，就会让团队失去公平的环境。如果你过于强调自我，而不能遵守纪律，你将是一个不为团队所接受的、无法与人合作的人。

作为一名优秀的员工，你应该努力在合作中追求卓越。你在团队中的一个最基本的工作方法就是把同事当队友，而非对手。优秀的员工要善于与周围的人合作，所以合作性非常重要。

作为团队中的一员，一定要明白，要做好复杂的工作，就一定要知道团队的力量——分工、合作才是解决问题的最佳途径，因此要充分利用合作来使工作达到完美的境界。合作是团队意识的精髓，也是员工的优良品德。

5 只有合作才能双赢

有些时候靠自己的力量难以实现梦想，那么不妨大胆迈出合作的步伐。无论竞争还是合作，都是为了利润；竞争中的合作，是为了双赢。

在一项游戏中，总会出现赢家与输家。一方赢正是另一方负，根据正负相抵消的原理，游戏的总成绩永远为零。管理者也应该重视这种现象，要想在竞争中获得优势，就得懂得上面所列出的现象。要知道这种观念在社会的方方面面都普遍存在，也就是说胜利者的光荣往往是建立在失败者的辛酸和苦涩的基础之上的。

随着社会的不断发展，经济高速增长，科技进步，全球一体化，人们开始认识到对于胜与败的结局，不应该是激烈而无效的恶性竞争，应该是通过有效的合作，双方皆大欢喜的双赢方式的出现。但是要想做到双赢，要求各方有真诚合作的精神和勇气，在合作中不要耍小聪明，不要总想占别人的小便宜，要遵守游戏规则，否则，双赢的局面就不可能出现，最终吃亏的还是合作者自己。

1979年，美国福特汽车公司和日本马自达汽车公司结成战略合作联盟，这就是世界上最早的跨国公司战略合作联盟。

通过产品开发、采购、供应和其他活动全球化，合作联盟每年至少可以节省30亿美元的成本。更为重要的是，战略合作联盟的形成使企业之间在产品开发、科学研究、生产制造、产品销售和售后服务等方面，充分利用宝贵资源以达到战略目标；在增加收益的同时减少了风险。战略联盟具有协同性，能整合联盟中分散的公司资源，将其凝聚成一股力量。

敢于承担责任，分担风险，使企业能够把机遇中的风险降到最低。与竞争对手结成联盟，可以把竞争对手限定到它的地盘上，避免双方投入大量资金展开两败俱伤的竞争。企业通过联盟可获得重要的市场情报，使营销领域向纵向或横向扩大，使自己与合作者能够进入单方难以渗透的市场，有助于业绩的增长。

分工合作，才能达到预期的效果，这个道理被越来越多的企业所接受。随着技术变得日益复杂，在某些重大开发项目上，没有一家公司可以单独包揽所有项目。

惠普和曾经拥有世界激光打印机70%市场的佳能公司的合作也很成功。佳能负责将墨喷在纸上的“机械部分”，惠普管软件、微控制器、用户调查和市场管理。虽然佳能和惠普在低价喷墨打印机市场上竞争激烈，但其合作还是坚持了下来。

生物制药领域的葛兰素公司与史克公司联盟的重要原因，就是要达到新组建的葛兰素史克集团三年内每年节省研发成本10亿英镑的目标，同时将在全球医药市场的份额提高到7.5%左右，从而实现企业资源1＋1＞2的经济效果。

随着科学技术的飞速发展，各公司研究与开发资金日益紧缩，要想在激烈的市场中立于不败之地，就要与竞争对手进行合作，从而削减研究与开发成本，分摊风险并获得相互支持，这将是利用较少资金保持技术优势的一个主要途径，是合作双赢的最佳体现，是企业寻求发展的最明智的做法。

面对经济高速发展的今天，要想在经济大潮中取得一席之地，就要有明智的见解，放弃无畏的恶性竞争，采取有效的合作的方式，在和谐的竞争环境中让企业得到更好的发展。

6 找准你的合作者

找到那个适合与你合作的人，你的合作关系就已经成功了一半。怎样找到那个适合的人呢？就是要了解他，包容他，就像了解你自己，包容你自己一样。只有了解别人，才谈得上合作。也只有了解了别人，才能够在合作的过程中扬长避短，互相配合。

1983年春天，玛格丽特·派崔克抵达“东南老人中心”，开始了她的物理治疗的独立生活。当该中心员工米莉·麦格修将玛格丽特介绍给中心人员时，她注意到玛格丽特盯着钢琴看的那一霎间流露出痛苦的表情。

“怎么了？”米莉问。

“没什么”，玛格丽特柔声说：“只是看到了钢琴，勾起我许多回忆。”米莉瞥向玛格丽特残废的右手，默默聆听眼前这名黑人妇女谈起她音乐生涯的辉煌过去。

“你在这里等一下，我马上回来。”米莉突然插口说。一会儿，她回来了，身后紧跟着一位娇小、白发，带着厚重眼镜，并且使用助步器的女人。

“这位是玛格丽特·派崔克。”米莉帮她们互相介绍：“这位是露丝·艾因柏格。”她笑道：“她也弹钢琴，但她跟你一样，自从中风后，就没办法弹了。艾因柏格太太有健全的右手，而你有健全的左手，我有种感觉，只要你们互相合作，一定可以弹出好作品。”

“你知道肖邦降D调的华尔兹吗？”露丝问，玛格丽特点点头。

于是两人并肩坐在钢琴长椅上。两只健全的手—— 一只是黑色，有纤长优雅的手指；另一只手是白色，有短胖的手指——很有节奏感地在黑白键上滑动。从那天起，她们就一起坐在键盘前——玛格丽特残废的右手搂住露丝背部，露丝无用的左手搁在玛格丽特膝上。露丝健全的右手弹主旋律，玛格丽特灵活的左手弹伴奏旋律。

她们的音乐曾在电视上、教堂里、学校中、康复中心、老人之家给许多听众带来快乐。坐在钢琴长椅前，她们共享的东西不只是音乐。除肖邦、巴赫和贝多芬的音乐外，她们发现彼此的共同点比想象的要多得多——两人都是很好的祖母和寡妇，都失去了儿子，都有颗奉献的心，但若失去了对方，她们就什么也办不到。两人同坐在钢琴长椅前，露丝听见玛格丽特说："我被剥夺了音乐，但上帝却给了我露丝。"很显然，这些年来她们并肩而坐，玛格丽特的某些信仰已经影响了露丝，露丝说："是上帝的奇迹将我们结合在一起。"

了解他人还有一个重要内容就是要包容他人。每个人都有自己的优缺点，在与人合作的过程中，你不可能只与他人的优点合作。当与他人的缺点发生冲撞时，你唯一能做的就是包容。

我们想得到一种东西，必须容忍其他一些东西也跟过来，只有这样才是所谓的"双赢"。

有两个戏剧学院的同学，毕业后一起进入演艺圈，他们都非常有才华，在学校的时候就显得与众不同，两人虽然彼此惺惺相惜，却也因好强而暗中较量。

虽然两人同时毕业于一所戏剧学院，但一位是导演系的，一位是表演系的，因此入行后，一位当导演，一位做演员。

经过一段时间努力，两人在工作岗位上都表现得很出色，也各自拥有了一席之地。有一次，刚好有部电影可以让他俩合作，基于两人是要好的同学，而且心里对彼此的才能和需求都非常了解，所以爽快地答应一起合作。

这个导演对于演员一向要求比较严格，所以在拍戏的过程之中，虽然是自己的同学也毫不客气地加以指责。而已经是名演员的老同学也有自己的见解和个性，所以片场的火药味总是很浓。

有一天，导演因为几个镜头一直拍不好，不禁怒火中烧，对着自己的老同学大发脾气，一句重话马上脱口而出："我从来没见过你这么烂的演员！"

名演员一听，脸色苍白地愣住了。他走到休息室，不肯出来继续拍戏。

经过众人的劝说，导演这才走到休息室，对老同学说："你知道，人在生气时，难免会口不择言，可是冷静下来想了想……"

名演员一听，对方是来道歉的，不禁头抬得高高地。

导演一见他那副模样，竟然支支吾吾讲不出后面的话来，过了半天才突然说："……我想了想……还是觉得你是个很烂的演员！"

此话一出，后果可想而知了，名演员退出了这部电影的拍摄，两人从此绝交。

两人在演艺圈奋斗一生，年华渐渐老去。直到名演员患了重病，临死前要求见导演一面。

导演听了急忙赶到医院，在名演员咽下最后一口气前，才泪流满面地对他说："我发誓，你是我这辈子所见过的最好的演员！"

名演员注视着老同学，含笑而逝。两人多年的心结，虽然终于冰释，只可惜稍晚了一些。

了解对方也包括了解对方的心理活动，顺应对方的心理活动，在合作过程中，你将会无往而不胜。

有家私营企业的员工，对于厂方将于下个月降低福利待遇十分不满，于是推派了几位员工代表前往工会表达他们的意见。

由于各项成本支出上扬，企业是在不得已的情况之下，才决定要调降福利待遇的。对于员工的情况，老板颇为同情，于是嘱咐工会主席一定要好好地处理这件事情。

为了平息员工的反弹，获得大家的谅解，除了企业的管理人员之外，工会主席特别请来了一位擅长沟通的专家，协助处理。

开会当天，工会主席等企业的管理人员和员工代表各据会议桌一方，两方各有立场，气氛非常紧张。这时只见专家匆匆赶来，一边道歉迟到了，一边入座。工会主席见到他坐错了位置，竟然坐到员工代表的那一边去了，于是站起来请专家过来。

然而专家却回答说："谢谢，我坐在这里就行了。"

大家继续开会，专家针对员工代表提出的一些问题，一一向员工代表解释："企业的各项支出上扬，企业里没有经费，我也担心生产设施无法更新换代。使用一些老旧的机器，容易产生生产安全问题……"

员工代表看着和自己坐在一边的专家侃侃而谈，好像忘了他是代表企业来和工人谈判的，他们仔细地听专家发言，不再像先前和对面的厂方人员没有任何交流。

一场谈判，就在员工代表同意回去，向其他工友说明的良好气氛之中结束了。专家坐的位置很有讲究，他深谙人际心理，从他坐的座位来看他是把自己当成是员工代表中的一分子，这在无形中拉近了他们之间的距离，自然他说的话在员工代表听来才不那么逆耳。因为他的无声的行动帮助了他，那就是他了解员工而又充分包容他们。

7　他人永远比你重要

每个人都想自己在他人的心目中是重要的。你要想拥有良好的合作关系，就要让他人在你面前有一种优越感。

1944年6月6日，是英美盟军诺曼底登陆的日子。在这个日子的前一天，雄心万丈的英国首相丘吉尔，邀请国王乔治六世一起登舰，随部队跨越英吉利海峡，见证这历史的伟大时刻。

同样也是意气风发的国王，对于这个提议非常赞成，遥想古代国王御驾亲征的威武壮举，让他马上就答应了丘吉尔的邀请。

于是，英国的两个支柱，国王和首相，兴致勃勃地准备携手登舰进入战区。国王的私人秘书阿南却急得不得了，两位国之栋梁同时进入战区，虽说有强大的舰队护卫，但是万一有个什么闪失，这个国家顿失支柱，不就会发生大乱了吗？

但是，亲信们都知道，国王和首相共同的决定，千万不要多言，这两位权倾一时的大人物所决定的事，任何人讲一句反对的话，不但会碰钉子，搞不好还会被钉子给扎得头破血流。

阿南苦苦思索对策，就在国王动身之前，他若无其事地一边准备国王的随行物品，一边悠闲自在地对国王说："陛下和首相将要领军重击法西斯德国部队，这真是历史上伟大的一刻，想必世世代代的人们，都会敬佩您的丰功伟业。"

阿南装作若无其事地继续说："陛下，您有没有什么事情要交代伊丽莎白公主？万一陛下和首相都为国殉难，谁是国王的继承人，谁又是首相的候选人呢？"

国王一听，心头一惊，对呀！今天实在是太兴奋了，几乎昏了头，还好阿南及时点醒自己，于是马上拿起笔写了封快信给首相。信中陈述，此次二人的决定似乎有些草率，虽然很想亲自渡海观战，但是以二人的身份来说，要以国家为重，不宜轻易行事。

丘吉尔接到国王的信之后，也打消了登舰的念头。

提出谏言的秘书阿南，在自己不受委屈，对方主动改变的情况下，漂亮地化解了一次英国的政治危机。让对方把话说出来，产生感情的共鸣，对方就会顺着你的思路走下去，这样的合作难道还会不顺利吗？

8 满足别人就能满足自己

满足他人的心理需求，在对方的心里播种友好，你就会收获合作。

和他人对事情有不同看法时，不能一味地用"教导性语言"，应该从对方的心理出发,让他觉得出于自己的意愿,那你还有什么事情办不成呢?

给他人戴一顶高帽子,给他一个超乎事实的美名,他就会在一种暗示心理的作用下,把那个你给予他的美名贯彻到底。相反的,如果你对他说,哎呀,你这个月的工作业绩简直太差了,那他下个月可能比这个月更差。

如果你想让对方按照你的思路办事,那么给他一个振奋人心的目标,满足他的自我表现欲也是一个不错的办法。

有一次,张总裁手下的一名工厂经理来向他讨教,因为他的员工一直无法完成他们分内的工作。

"像你这样能干的人,"张总裁问,"怎么会无法使工厂员工提高工作效率?"

"我不知道,"那人回答,"我向那些人说尽好话,我在后面推他们一把,我又发誓又诅咒的,我也曾威胁要把他们开除,但一点效果也没有。他们还是无法完成预定的生产产量。"

当时日班已经结束,夜班正要开始。

"给我一根粉笔,"张总裁说,然后,他转身面对最靠近他的一名工人,问道:"你们这一班今天制造了几台微波炉?"

"六台。"

张总裁不说一句话,在地板上用粉笔写下一个大大的阿拉伯数字"6",然后走开。

夜班工人进来时,他们看到了那个"6"字,就问这是什么意思。

"大老板今天到这儿来了,"那位日班工人说,"他问我们制造了几台微波炉,我们说六台。他就把它写在地板上。"

第二天早上,张总裁又来到工厂。夜班工人已把"6"擦掉,写上一个大大的"7"。

日班工人早上来上工时,当然看到了那个很大的"7"字。原来夜班工人认为他们比日班工人强,是吗?好吧,他们要向夜班工人还以颜色。他们热火朝天地加紧工作,那晚他们下班之后,留下一个颇具威胁性的大"10"字。情况显然逐渐好转。

不久之后，这家产量一直落后的工厂，终于比其他的工厂生产得更多。

原因何在？

“要使工作能圆满完成，”张总裁说，“就必须激起竞争。我指的并非是赚钱的卑鄙手段，而是激起超越他人的欲望。”

看看下面这个故事，我们就知道满足他人的心理是多么的重要：

某公司老板招聘营销人员，提出条件要求营销人员把梳子卖给和尚，很多应聘者一听这条件都纷纷离开了，只有3个人没走，愿意接受挑战。一段时间后，3个营销人员先后完成任务回来。老板询问是如何销售产品的？

第一个营销人员说，在去寺庙的路上，突然发现一个小和尚一边挠头一边往山下走，猜想他肯定是头痒，就笑着迎上去让他买把梳子挠头，他很高兴地买下了。

第二个营销人员说，到了一个庙里，他对和尚说，给来烧香的人每人赠送1把梳子，这些得到梳子的人高兴了，还会来烧香的。这样一来，和尚一下子买了10把梳子。

最后一个营销人员说，在一个庙里，他发现老方丈的字写得特别好，他就说服老方丈买上100把梳子，全部签上他的名字和祝福语，送给来烧香的人，让他们带给家人或朋友做纪念。这一下子，老方丈高兴地买走了100把梳子。

只是一句话而已，把老方丈说服，就达成了一笔大买卖，何乐而不为呢？

这最后一位营销人员的嘴上工夫真正了得，既满足了老方丈的心理需要，又达到甚至是超额完成了自己的营销任务，真正是两全其美，天衣无缝。

9 信任是航船的风帆

信任别人投入的是一种感情，别人回报给你的就是信任你。人的信任是建立在相互的基础上的,如果你对别人产生了不信任感,那你就会在不知不觉中把这种情绪表现出来。当对方觉察到你不信任他时,往往会心存敌意,也就对你产生了不信任感。反过来,如果他人体察到你的信任,也会通过行动证明自己是值得你信任的。对他人的信任,有时会产生很大的推动力。你越信任对方,对方就越容易信任你,反之亦然。有了相互信任,大家才能以诚相见,解除戒心,合作也才能得以顺利进行。因此,信任是合作这艘航船的帆,它能带领合作这艘船驶向胜利的彼岸,也能使之在狂风暴雨的大海中沉没。

一位刚从师范学校毕业的教师接手了一所学校里四年级一个最差的班,在这个班上有一个全校最顽皮的“坏孩子”——罗伟。他三年级的教师,逢人便述说他的种种劣迹,不断地向同事或校长抱怨他难以管教。他不只是做恶作剧而已,还跟男生打架,欺负女生,对教师无礼,在班上扰乱秩序,而且好像是愈来愈糟。他唯一能稍事补偿的特质是,他很快就能学会学校的功课,而且非常熟练。

这位新教师决定立刻要面对“罗伟问题”。当她见到她的新学生时,她讲了这样一些话:“李琳,你穿的衣服很漂亮。陈倩倩,我听说你画画很不错。”当她念到罗伟时,她直视着罗伟,对他说:“罗伟,我知道你是个天生的领导人才,今年我要靠你帮我把这个班变成四年级最好的一班。”在头几天她一直强调这点,夸奖罗伟所做的一切,并评论他的行为正代表着他是一位很好的学生。有了值得奋斗的美名,即使一个10岁大的男孩也不会令她失望。而他真的做到了这些。

假如你真想在传统的领导方法上超越自我,来改变其他人的态度和举止时,可以试着给他人一个美名,让他去为此努力奋斗。

建立对别人的信任,可以从以下几方面入手:

首先要多了解他人,对他人了解得越多,越容易找到彼此共通的地方,越容易增加信任感和同情感。

其次是适当宽容,即求大同存小异原则。要有容忍一般缺点和短处的态度和肚量。

再次是待人真诚。如果只关心自己，不顾他人的利益、感情和需要，处处以获得自己的利益和好处为前提，这样长此交往下去，势必会伤害到他人，对彼此的信任也会破坏殆尽。

最后是扩大兴趣。越是知识多和兴趣广越能与人有沟通的兴趣，性格越有弹性，越容易信任他人。

有时候，你的信任有可能改变别人一生的命运。

陈祖沛，是20世纪30年代粤港商界奇人。他在有安米行做代理期间，有一件事令他终身难忘。

有一天，他沿着六二三路向东走，过了镇安路口，路口以东一带多是三江帮开设的商行。所谓三江，泛指黄河、长江、珠江流域，盛产各种豆类和花生，三江帮的商行以经营来自三江的豆类、粮油和地产杂货为主；而镇安路口以西多是广州、佛山、江门等广东帮开设的商行，以经营谷、米、糠为主。

陈祖沛在一家三江帮商行的门外，碰上一位年过半百的严先生，正在仔细端详着掌心的白米样板，向卖方问价。陈祖沛走到严先生的面前，两人互相打过招呼，这时卖方报出一个价目，两人一听就知道这个价目比当时的市价明显偏低，这批货物转手即可获得厚利。本来严先生看货问价在先，这单生意他完全可以自己一家独揽，可是严先生却出人意料地主动对陈祖沛说："沛哥，我们两人买下它。"开始陈祖沛有些过意不去，但盛情难却，最终两人合伙买下了这批货。这批大米足有四五百包，经过倒手后，他们二人在这笔生意上获利不少。事后陈祖沛对严先生主动让利一半给自己这件事思索了很久，终于悟出了改变自己一生的道理。

在这次合伙买米后，陈祖沛意识到自己以前只是个小商人，没有大家风范。若想成大事，必须改变自己的处理方式。一件买米的小事，却给陈祖沛带来巨大的改变。从此，陈祖沛在经商过程中，总是从大处着眼，不再看重蝇头小利。他处处与人方便，利益共享，因而使很多人成为他事业的忠诚伙伴。陈祖沛不仅对自己的合作伙伴如此，甚至对自己企业的普通员工，他也能做到利益均沾。陈祖沛在创办大成行后,推行了一种在当时看来是崭新的制度——员工入股制度,使每个员工都成为企业的主人,共同分享企业的利益。

大成行的员工入股制在当时已经体现出多方面的好处:有利于筹集更多的资金,尽可能地扩大经营规模;收益共享,风险共担,使员工自觉关心企业的兴衰和盈亏。员工又是股东,他们自然能够当家做主,消除吃大锅饭的思想,上下协力,共谋企业的发展;淡化了劳资关系的矛盾,上下关系相处融洽。员工觉得自己在拥有股份的企业中工作,心情比较舒畅,觉得有奔头,不想跳槽另起炉灶,使得企业的人才相对稳定。

信任是一种高尚的情感,是连接人与人之间的纽带。你有义务去信任另外一个人,除非你能证明那个人不值得信任,你也有权利接受另一个人的信任,除非你已被证实不值得人信任。

10 帮助别人就是帮助自己

一位哲人说:一个不肯助人的人,他必然会在有生之年遭遇到大困难,并且大大伤害到其他人。是的,一个人要想在社会上生活是不可能脱离周围这个世界的。你的衣食住行,你的工作娱乐,无不与别人存在着千丝万缕的联系;你的一言一行,你的一举一动,无不对别人产生或大或小的影响。

帮助别人从本质上看是一种付出和奉献,但从效果上看,帮助别人却是一个一本万利的投资,你往往会因此而获得巨大的回报。主动地帮助他人,伸出援助之手,是会交际者常用的一种姿态。俗话讲,患难见真情。当你伸出援助之手的时候,尤其是对方急需要一只手的时候,就更能让人感受到交往的力量。你向别人伸出一只手,别人也会向你伸出一只手。

李剑是一家建筑公司的老板,事业如日中天。他的一个刚刚独立创业的老战友来看望他,请他说说做事业的诀窍。李剑笑了笑说:“我就四个字:乐于助人!”看老战友似乎有些不相信,他又继续解释说："别小看了这四个字，内藏玄机无限啊！其实，当兵的时候，你们就知道我是个热心的人吧？谁有困难我都伸手，那个时候如果不是我父亲身体不好，留部队绝对没问题呀！转业后，我还像以前那么爱助人为乐，结果朋友越交越多，人缘好着呢！开始我还给别人打工，后来一位朋友就对我说：'现在搞建筑多赚钱啊，你还不如成立一家建筑公司呢？听我的赔不了，真有事这么多朋友顶着你呢！'结果听说我要办公司，立刻有朋友帮我租房子，跑工商，联系包工队，帮我介绍一些房地产公司老板……说实话，没有他们的帮忙，我根本不会有今天。可话说回来，如果当初我不帮他们，他们也不会主动帮我，所以我成功是因为有好人缘，可我的好人缘是我热心帮人帮出来的！"老战友对李剑的解释十分满意，他总算取到了真经。

李剑的成功秘诀用一句话来概括就是：帮助别人等于帮助自己。喜欢帮助别人的人必定会有好人缘，而好人缘正是成功的重要因素。帮助别人、关心别人看起来好像是会吃亏的行为，但如果你能让胸襟再开阔点，目光放得再远一点，你就会发现：乐于帮助别人，其实是一条通往成功的康庄大道！

不论是在生活还是工作中，对别人友好的人都会获得好人缘，人们会善待他，帮助他。得到别人帮助多的人成就的事业就大，得到别人帮助少的人成就的事业就小，得不到别人帮助的人，没有不失败而能侥幸成功的。要想得到别人的帮助，就必须先帮助别人，吃亏在前享福在后。

人生好像在砌高塔，你想砌得愈高，那基础就得愈大。你不能把每块石头都往塔尖上放，而要多分一些在塔基。塔尖是你，塔基是你周遭的人。

由此可见，帮助别人，往往也是帮助自己。有付出，必有收获；你帮助的人越多，你的人缘越好，成功的机会就越多。

俗话说：授人玫瑰，手有余香。生活中常是这样，对人多一份理解、宽容、支持和帮助，其实也是善待和帮助自己。在当今这样一个合作的社会中，人与人之间更是一种互助的关系。只有我们先去善待别人，善意地帮助别人，才能处理好人与人之间的关系，才能使自己所做的事情获得成功,从而获得双倍的理解与快乐。

帮助了别人,别人会对你感恩,你的人际关系将更加和谐,而当你有了困难时,对方也一定会愿意帮助你、回报你,帮你打开成功的大门。所以,请记住这一点:一双充满善意的手是你一生的财富。

助人为乐乃快乐之本。不论生活还是工作,对人友好,才能换来别人的善待,尊重他人才能换得他人的尊重。所以,爱人就是爱己,利人就是利己,助人就是助己。反之,刻薄他人就是刻薄自己,毁谤他人就是毁谤自己,损害他人就是损害自己。

11 借助他人力量,攀登事业高峰

一个业务专精的员工,如果他仗着自己比别人优秀而傲慢地拒绝合作,或者合作时不积极,总是一个人孤军奋战,这是十分可惜的。不懂得合作,不善于借助他人力量的人是很难取得多大成就的。

井深大刚进索尼公司时,索尼还是一个只有二十多人的小企业,但老板充满信心地对他说:“我知道你是一个优秀的电子技术专家,就像好钢要用在刀刃上一样,我要把你安排在最重要的岗位上——由你来全权负责新产品的研发,怎么样?希望你能发挥榜样的作用,充分调动其他人。你这一步走好了,企业也就有希望了!”

“我?我还很不成熟,虽然我很愿意担此重任,但实在怕有负重托呀!”虽然井深大对自己的能力充满信心,但他还是知道老板压给他的担子有多重——那绝对不是靠一个人的力量能应付过来的。

“新的领域对每个人来说都是陌生的,关键在于你要和大家联起手来,这才是你的强势所在!众人的智慧合起来,还有什么困难不能战胜呢?”老板很自信地说道。

井深大一下子豁然开朗:“对呀,我怎么光想自己,不是还有二十多位员工吗?为什么不虚心向他们求教,和他们一同奋斗呢?”

他找到市场部的同事一同探讨销路不畅的问题。他们说:“磁带录音机之所以不好销,一是太笨重,一台大约45公斤;二是价钱太贵,每台售价16万日元,一般人很难接受,半年也卖不出一台。你能不能往轻便和低廉上考虑?”井深大点头称是。

然后他又找到信息部的同事了解情况。信息部的人说:“目前美国已采用晶体管生产技术,不但大大降低了成本,而且非常轻便。我们建议你在这方面下工夫。”他回答:“谢谢。我会朝着这方面努力的!”

在研制过程中,他又和生产第一线的工人团结合作,终于一起攻克了一道道难关,在1954年试制成功日本最早的晶体管收音机,成功地推向市场。索尼公司由此开始了企业发展的新纪元。

欣赏彼此的优点并互相提供帮助,是团队精神的基石。即使你非常优秀,也不要因此瞧不起别人。实际上,现代社会人才济济,每个组织成员都很优秀,都有自己独特的优势。成员之间取长补短、互相合作产生的合力,远大于成员之间的能力总和。

团队和个人的关系就好像水和鱼的关系,我们每个人都是鱼,而我们的团队就是水。鱼是离不开水的,无论我们从事怎样的工作,其实都是处在一个团队当中。正是因为这个团队中的每一个人各司其职,才使得我们的努力可以获得收益。

艰巨的挑战需要精良的团队去应对,面对强大的压力,成员需要的就是合作,在合作中才能登上事业高峰。

第五章　沟通力：处理人际关系的最佳途径

沟通力是现代人必备的重要能力，它是人与人之间进行信息交流的能力。沟通能力越强，对人们来讲，就越能进行有效的合作；就越有利于交流与合作，越有利于企业的长远发展。因此，沟通力是人们必备的能力之一。

1 平等交流是有效沟通的保证

沟通的位差效应是美国加利福尼亚州立大学对企业内部沟通进行研究后得出的重要成果。他们发现，来自领导层的信息只有20%～25%被下级知道并正确理解，而从下到上反馈的信息则不超过10%，平行交流的效率则可达到90%以上。他们进一步研究发现，平行交流的效率之所以如此高，是因为平行交流是一种以平等为基础的交流。由此看来，平等交流是企业有效沟通的保证。

美国沃尔玛公司的创始人山姆是一位成功的企业家，他的成功一半应归功于他与员工卓有成效的沟通。他的经营理念是：沟通是管理的缩影。正因为他有着其他企业家所不具备的沟通能力，所以，阿肯色州议员杰伊·布雷德福攻击山姆吝啬给员工涨薪水的同时，也不免表现出对山姆高明的沟通艺术的叹服："在诱人讲话方面，他绝对是一位大师，他会将每一个人都聚集起来，抓起一把花生米，走到店后面去，让所有的人坐在地板上，他单膝跪在地上同他们讲话。他会十分诚恳地与你谈话，他会使你把自己的想法全部谈出来，他也会看着一个人对他讲话，而其余的一切都仿佛消失了。总之，他会竭尽所能让你将话讲出来。"

山姆之所以如此重视与员工的沟通，是因为他很早就将公司的管理浓缩为一点——沟通。为了达到充分的沟通与信息共享，他会花数亿美元为公司配备一流的通信设备，他每周还要用几天的时间到各个地方的分店视察。

在沃尔玛的员工，没有人不知道山姆的这种"嗜好"，同时，在任何时间，各个分店的经理都可以准确地得知其他分店的各种数据。

这都是山姆的功劳，他为之付出了不懈的努力。由于公司的分店太多，每个分店经理都无法与本顿威尔总部进行充分的沟通，于是公司按部门举办研讨会，如运输产品部，每一区域挑选一位经理，总共184位，集中到本顿威尔与总部的采购员进行沟通。当这些部门经理回到本地区后，再与附近商店同一部门的经理们分享获得的信息。

沃尔玛还有一条规定：上至山姆，下至采购员，每周都必须花3～4天的时间巡视商店，公司专门准备了12架飞机供这种“旅行”使用。山姆认为，管理人员必须亲临现场，了解和处理店中的一些事务。每当山姆从一个地方返回时，他总要带回一些数据，然后坐下来与自己的下属们交流，从而确定最佳的营销方法。

随着沃尔玛的不断壮大，山姆被《福布斯》杂志认为是美国商界少有的可以与洛克菲勒一样有钱的人。但是很少有人知道，这位掌管着数百亿美元资产的总裁能够与几十个国家数十万的员工进行直接的，甚至是面对面的沟通。在沃尔玛的内部，所有的员工都会被告知：让沟通无处不在。

正是平等的沟通精神，培养了沃尔玛员工对公司的强烈认同和主人翁精神。平等的沟通渠道为沃尔玛带来了巨大的财富，同时给我们以无尽的启示：有平等才有交流，有平等才有忠诚，有平等才有效率，有平等才有竞争力。

2　将交流建立在信任的基础之上

最有效的交流方式是平等交流，是领导者在消除等级障碍的前提下，以与员工平等的姿态在企业内部进行的各种上下级交流。这种交流的核心理念是平等与信任。

有效的交流是建立在互信的基础之上的。互信可以消除沟通的障碍，可以为沟通创造良好的氛围，员工在交流中能够获得一种肯定和承认,从而获得更大的满足感。尤其是上司对下属的充分信任,可以激发员工的工作动力,使员工更好地发挥自己的作用。

因此,许多企业都十分注重应用平行沟通法则,这种沟通法则能有效消除沟通机制中的等级障碍,改善沟通环境。

日本松下电器公司总裁松下幸之助被誉为日本的“经营之神”,他从来不以管理者自居,而是以一种平等的姿态对待员工。

在松下电器公司,根据员工的业务技能,他们被分成四个等级,其中最低的一个等级为候补四级。一次,有一位候补员工向松下表达了自己的不满:“我已经在公司服务了好多年,也为公司作出了许多贡献,我自认为已经具备了三级员工的资格,但是一直到现在,我都没有得到晋升,是不是我的努力还不够呢?如果真的是这样,我宁愿多接受一些指导。”

松下对这件事情非常重视,他责令人事部对这件事进行调查,结果发现,这位员工原本具备晋升的资格,只是由于工作人员的大意,而忘记给他办理晋升手续。

正是因为松下平易近人,许多最底层的员工都敢于直面这位总裁,倾诉自己的一些想法。有一次,公司的一位员工被批发商狠狠地教训了一顿:“你们的老板怎么会让你们生产出这样的产品,我看他还不如去开个烤白薯店,别再制造电器了。”这位员工如实地告诉了松下。随后松下亲自拜访了这位客户,表达歉意。令这位批发商感到惊讶的不是松下的到来,也不是他的歉意,而是那位员工竟把他的话如实地告诉了自己的老板。

松下对此的解释是:“我非常信任我的员工,我们之间无所不谈。”

如果一个管理者只会趾高气扬地显示自己的地位与身份,那么,他的管理肯定是失败的。松下的沟通艺术说明,公司是所有员工的经营平台,只有让每一位员工都感到公司对自己的信任,让他们将自己的建议与意见毫无保留地表达出来,企业的各个管理层之间、各个部门之间才能进行真正有效的沟通;所以,对于一个管理者来说,没有平等与信任,便没有沟通,没有沟通,便没有管理。

3　掌握与众不同的沟通方式

人与人交往需要沟通,在工作中,无论是员工与员工、员工与上司,还是员工与客户,都需要沟通。良好的沟通能力是工作中不可缺少的,一名优秀员工绝不会是一个性格孤僻的人,恰恰相反,他应当是一个能设身处地为别人着想、充分理解对方、不以针锋相对的形式对待他人的人。

沟通是传达、倾听、协调,是团队成员必须具备的素质。通用电气公司前 CEO 杰克·韦尔奇曾经说过:"我始终认为人的因素是一个企业成功的关键所在。根据我 40 年的工作经验,我发觉所有的问题归结到最后都是沟通问题。"一个团队要有效地运作,最主要的因素就是沟通。因此,对一名团队成员来说,沟通能力是一种至关重要的能力。通用公司正是这样做的。

通用电气公司前 CEO 杰克·韦尔奇最成功的地方,是他在通用电气公司建立起了非正式的沟通方式。通过这种非正式沟通,韦尔奇不失时机地让员工感到他的存在。他不断地沟通,而且永远不停止。他最擅长的沟通方式就是提起笔来写便笺,有给直接负责人的,也有给小时工的,这产生了无比强大的影响力。每次韦尔奇从文具夹中拿起黑色圆珠笔,不一会儿,就有便笺通过传真直接传给员工。

韦尔奇写这些便笺的目的是为了鼓励、激发和要求行动,他通过便笺表明对员工的关怀。韦尔奇知道,从他手中发出的只字片语都很有影响力,它们比任何长篇大论的演说都更能拉近他和员工的距离,而且这也是他能与下属们有效地传达重要观念的最佳方式,所以他乐此不疲。

1987 年,韦尔奇向公司员工发表演说时指出:"我们已经通过学习明白了‘沟通’的本质。它不像这场演讲或录音谈话，它也不是一种报纸。真正的沟通是一种态度，一种环境。它是所有流程的相互作用，它需要无数的直接沟通，它需要更多的倾听，而不是侃侃而谈。它是一种持续的互动过程，目的在于创造共识。”

对韦尔奇来说，沟通是个人的事。个人的沟通有时远远超过程序化的沟通所达到的效果。管理者和员工一段随意的或短暂的对话远比在企业内部刊物上刊登大段文章来得更有价值。

采用这样的交流方式，管理者要能够让员工和自己畅通无阻地交流，互相理解，紧密合作，这样才能够最大限度地发挥团队作用。

实行非正式的沟通管理方式意味着：打破发布命令的链条，促进不同层次之间的交流，改革付酬的方法：让员工们觉得他们是在为一个通情达理的老板工作，而不是一个庞大的公司。

沟通对于整个团队工作效能的提升十分重要。如果员工之间处于一种无序和不协调的状态，双方之间互相推诿责任，以致各种力量被互相抵消，“既然我做不成，那么我也不让你做成”。这样的内耗既消耗了别人力量，也削弱了自己的实力，在这种团队中也不可能出现什么高效能员工。我们要实现双方的合作关系，就必须杜绝自己有上述想法或行为出现，争取在不损害自己利益的基础上也充分保证对方利益。

能够使员工时时刻刻感受到管理者的存在的最有效的沟通方式，就是开展随时性的不同层次间的非正式沟通，使他们感觉自己是为一个很有人情味的企业工作，管理者关心他们并了解他们，而不是像有的企业，员工与公司之间关系只有冷漠。

4 积累人脉资源，财富源源不断

一个人能否成功，不在于你知道什么，而在于你认识谁。成功的人大多是有关系网的人。这种网络由各种不同的朋友组成，有过去的知己，有刚交的新朋友，有男的、有女的，有前辈、有同辈或晚辈，有地位高的、有地位低的，有不同行业的、有不同特长的，也有不同地方的……这样的关系网，才是比较全面的网络。也就是说，在你的关系网中，应该有各式各样的朋友，他们能够从不同的角度为你提供不同的帮助。当然，你也要根据他们不同的需要为他们提供不同的帮助，这才是关系网应当具有的特征。

霍世昌是圣安娜饼店的创始人之一，创业时他只有22岁。当人们对此提出疑问时，他笑着回答道："我是靠借钱开饼店，靠朋友发财的。"

"当时我在电灯公司工作，是有关技术维修方面的。那时还未结婚，但已有女朋友，她很喜欢弄些点心、蛋糕之类的食品，味道嘛，真是不错。她是跟一位师傅学习的。我便想，徒弟已经有此成绩，师傅当然更好，因此便萌生开饼店的念头。然而那时的西饼业在香港并未呈现出蓬勃势头。我考虑到这是有作为的生意，便跟她的师傅商量。我俩都赞成这个计划，但是资金匮乏，便决定找朋友支持。于是我先是做一份包含预算、地点、资金、经营方针等详细内容的可行性计划书，然后找一位朋友商量。这位朋友看过后，很爽快地接受了计划书。于是，我们三个人便成为合伙人，直至现在。"

最初靠借钱开饼店，以后每年增设一间分店，霍记饼店的生意越来越红火。

远亲不如近邻，利用好身边的朋友，将会对你的事业大有帮助。现代社会也是个关系社会，没有关系，空有才华和能力，将寸步难行。他山之石，为已开路，借助朋友的力量，是获取成功的捷径。

赢得人缘要有长远眼光，要在别人遇到困难时主动帮助，在别人有事时不计回报，日积月累，留下来的都是人缘。冷庙烧香，有备无患，这是赢得好人缘的基本原则。

5 沟通要注意场合和分寸

场合是指双方进行沟通时的地点与氛围。场合有庄重与随便、正式与非正式、欢快与悲痛、公开与私下之分。说话必须讲究场合,不注意这点,说一些不适宜场合气氛情境的话,往往与初衷适得其反。场合是决定双方沟通效果的重要环境因素。同样的话在不同的场合说,所产生的实际效果是不一样的。审时度势,因势利导,在不同的场合使用不同的说话方式,这对我们提高与人交际与人沟通的能力是大有好处的。

与人沟通时,还需要讲究说话的分寸。讲究分寸是一种很重要的说话艺术。说话是否有分寸,对于我们能否与人有效沟通,甚至办事成败有着很大的关系。注意分寸,说白了就是注意自己说出的话千万不能伤及别人的情绪。不管自己有意还是无意,如果因为说话的分寸把握不当,就会得罪对方,影响沟通的效果。

人们打交道时要做自我介绍。由于办事的目的、要求不同,自我介绍的分寸也应有所区别。

在一般情况下,自我介绍的内容很简单,只要讲清姓名、身份、目的、要求即可。例如某建筑公司办事员到某钢厂购买钢材,他一进销售科的门,就对坐在办公桌边的一位先生直截了当地介绍自己说:“您好! 我是某某建筑公司的采购员,来贵厂购买圆钢,希望你能帮忙。”那位先生肯定也会回答:“我叫李来顺,是厂里销售科的,咱们坐下来谈谈。”这样双方通过一番简单的自我介绍,钢材贸易的大门打开了,洽谈有了一个良好的开端。

在一些较为特殊的情况下,比如求职或竞争某领导岗位时,自我介绍的内容就需要较详尽了,不仅要讲清姓名、身份、目的、要求,还要介绍自己的学历、资历、性格、专长、经验、能力和兴趣等。为了取得对方信任,有时还得讲一些具体事例。但什么情况下做简单的自我介绍,什么情况下做详细的自我介绍,这没有定规,只能视具体情况而定。

托人办事,由于你是有求于人,因此即使是关系很密切的人,措辞、语气也要适当,不要用生硬的口气,如“你必须帮我办”、“一定要完成”等。这样说,有时会强人所难,让人难以接受,而要说“请尽量帮我一把”、“最好能帮我干到底”,给人留下回旋的余地。如果是当你认为对方有可能难以答复这问题,就要说“过两天给我一个信儿好吗?”或者“到时我去找你,请你费心”等,托人办事要给人留下一个充分考虑和商讨的时间,让人可进可退。

托人办事,态度要诚恳,应向人家详细地讲明自己做此事的目的、作用,把事情的原因、想法告诉人家,尤其应该注意说话不要支支吾吾,不要让对方觉得你不相信他。

怎样应答有求于你的人,也是表现你沟通能力的一个方面。凡认为对的,就回答他一声:“很好。”认为不对的,就回答他:“这个问题真的很难说。”可以办到的事就回答他:“我去试试,但成功与否现在还很难肯定。”无法办到的事就回答他:“这件事的确很难办,就我的能力和关系是没有多大希望的。”

总之,答复求你办事的人,不要把话说得过于直接,太肯定、太绝对。太肯定的回答,很容易给双方造成不欢而散的后果。一切回答,必须留有回旋的余地,如果事情十分复杂,临时不能决定,你可以回答:“让我考虑考虑,再答复你可以吗?”或者说:“让我与某某商量后,由某某答复吧。”前者是接受与不接受各占一半,后者多数是婉言拒绝。

如果求你办事的人唠叨不停,你不愿意再听下去,你可讲些其他无关紧要的话,转移目标,也可以在他出现停顿的时候,直接说:“好的,今天就谈到这里为止。”然后站起身来,说声“对不起,我还有事要办,下次再谈!”求你办事的人会中止谈话,不再与你纠缠。注意不可表现出不愉快的表情。

催问也很有讲究,催问的语气要客气,语气平和,即使受了冷遇,碰了钉子,或者对方发了火,也要沉住气,只要问题能处理,受点委屈也是值得的。

催问别人时要注意用语的分寸,应多用恳请语气。像“怎么还没处理呀?”“不是说今天就给我答复吗？为何讲话不算数”“你们到底什么时候解决?”、“这个月底前必须处理”等这样的责问句或命令句千万不可说。这样只会激起别人的反感。如果改换另一种询问口气,可能效果会好得多。

不能有急躁情绪,要耐心地、不厌其烦地登门拜访,申诉你的理由和要求。别指望很快就能得到答复和处理,要有长期作战的心理准备。

在催问时间的间隔上,要越来越短,次数上要越来越频繁,要给处理者以紧迫感。只有频频催问才有可能会引起对方的足够重视,即使他有些烦躁也不要紧,只要你是有礼有节,就没有关系,只要你坚持不懈,就会带来转机。

一把坚实的大锁挂在大门上,一根铁杆费了九牛二虎之力,还是无法将它撬开。钥匙来了,它瘦小的身子钻进锁孔,只轻轻一转,大锁就“啪”地一声打开了。铁杆奇怪地问:“为什么我费了那么大力气也打不开,而你却轻而易举地就把它打开了呢?”钥匙说:“因为我最了解它的心。”

每个人的心,都像上了锁的大门,任你再粗的铁棒也撬不开。唯有关怀,才能把自己变成一只细腻的钥匙,进入别人的心中,了解别人。所以沟通时,一定要多为对方着想,以心换心,以情动人。

6 影响沟通的不良心理

缺乏沟通能力的人,就像陆地上的船,永远到不了人生的大海。当前,随着市场经济的发展,各种机遇和挫折也纷至沓来。面对这种激烈的竞争和日益增大的社会心理压力,人们就更需要提高与人沟通的质量。作为生活在社会中的人,无论有多么强的能力,多么好的条件,如果没有良好的人际关系,既无法取得的成功,也不会得到生活的幸福和身心健康。

贾鹏是公司销售部的一名员工,人比较随和,不喜争执,和同事的关系处得都比较好,但是,前一段时间,不知道为什么,同一部门的张力老是处处和他作对，有时候故意在别人面前指桑骂槐，对跟他合作的工作任务也都有意让贾鹏做得多，甚至还抢了贾鹏的好几个老客户。起初，贾鹏觉得都是同事，没什么大不了的，忍一忍就算了，但是，看到张力如此嚣张，于是，一赌气，告到了经理那儿。经理把张力批评了一通，但结果是，从此，贾鹏和张力成了绝对的冤家了。

与他人进行人际交往，是人们进行广泛社会活动的基础。有良好心理素质的人，在与他人交往过程中不仅能充分发挥语言功能，而且对与人的交流充满自信。相反，心理状态不健康者在与他人交往中，会形成某些心理上的隔膜和屏障，这种病态的心理在一定程度上阻碍了交朋结友和适应社会。因此，人们在日常工作和生活中应该注重自身修养，努力克服人际交往中的病态心理和种种弊端。具有以下心理状态时，会影响人们的正常人际交往：

自卑心理。在生活中，有些人缺乏对自己的正确评价，往往对自己过于苛求，对自身的素质、能力估计太低。如有些青年人感到自己的身体、相貌缺乏魅力，或感到自己能力欠缺，产生自卑心理，然而事实上，在别人看来他们并不一定是没有魅力、能力差，或事业成就低下者；反则是自己期望过高，不切实际，对别人的看法过于敏感，总是认为别人看不起自己。

造成这种病态心理的原因是，在这些人深层的心理体验里则是自己看不起自己，他们害怕挫折、失败，特别是在权威、强者或一些强词夺理的人面前，总是感到手足无措，有时则表现出一种戒备和敌对情绪。他们常常想当然地设想别人对自己的不满，然后在生活中寻找所谓的证据。有时则把一些无中生有的事实强加于别人，甚至曲解别人的善意。长此下去，具有自卑心理的他们就会人为地把自己的交往范围限制在父母、家庭这样一个小圈子中，严重的甚至会产生厌世心理。这种人，必须自己有一个清醒的认识，新生自我，接受自己，树立自信心。无论与任何人交往都要做到不亢不卑，既不取悦别人，以博得好评来满足自己的虚荣心，更不需要在别人面前显示自己，炫耀自己，以提高自己的身价。应认识到价值正是在于自身，并不随别人的评价而改变。这样，就能渐渐消除多疑心理，从而获得多数人的尊敬。

怯懦心理。怯懦心理主要见于涉世不深,阅历较浅,性格内向,不善辞令的人。具有怯懦心理的人往往会裹足不前,人为地阻碍自己计划与设想的实现。怯懦心理是束缚思想行为的绳索,理应抛弃。

猜疑心理。人一旦有了猜疑心理,往往爱用不信任的眼光去审视对方和看待外界事物,每每看到别人议论什么,就认为人家是在讲自己的坏话。往往捕风捉影,节外生枝,说三道四,挑起事端,其结果只能是自寻烦恼,害人害己。

逆反心理。逆反心理容易使人模糊是非曲直的严格界限。具有逆反心理的人常使人产生反感和厌恶。有些人总爱与别人抬杠,以此表明自己的标新立异。对自己不满的人抱有成见,对任何事情,不管是非曲直,你说好他偏说坏,你说一他偏说二,你说辣椒很辣,他偏说不辣。

排他心理。人类已有的知识、经验以及思维方式等,需要不断地更新,否则就会失去活力,甚至产生负效应。排他心理恰好忽视了这一点,它表现为抱残守缺,拒绝拓展思维,促使人们只在自我封闭的狭小空间内兜圈子。

利用心理。有的人认为交朋友的目的就是为了"互相利用",因此他们与人交往的功利目的十分强烈,只结交对自己有用、能给自己带来好处的人,而且常常是"过河拆桥"。这种人际交往中的占便宜心理,会使自己的人格受到损害。

作戏心理。有的人把与人交往当作是逢场作戏,往往朝秦暮楚,见异思迁,且喜欢吹牛。这种人与人之间的交往方式只是在做表面文章,因而常常得不到真正的友谊和朋友。

自私心理。处处从自己着想,只关心自己的需要和利益,强调自己的感受,把别人当作自己达到的目的、满足私欲的工具。不尊重他人的价值和价格,漠视他人的处境和利益。在交往中目中无人,与同伴相聚时不顾场合,也不考虑别人的情绪。自己高兴时,高谈阔论,手舞足蹈;不高兴时,或抑郁寡欢,或乱发脾气。这种人在交往中,缺乏对自己的正确认识,无论他们多么精明,掌握了多少交往,永远也不可能与人建立牢固、持久的良好人际关系。只有心地善良,待人以诚,能设身处地为别人着想的人,才可获得挚友。

冷漠心理。在与别人交往时,总喜欢把自己的真实思想、情感和需要掩盖起来。在他们看来,人世一切是那么无聊,令人厌倦,毫无意义。他们往往持一种孤傲处世的态度,只注重自己的内心体验,他们的行为和习惯有时令人难以理解。这种人与人交往的失败就在于在心理上建立了一道屏障,把自我封闭起来,无法与别人沟通。因此,他们只有增强自我的"透明度",敞开自己的心扉,用热情、坦诚去赢得别人的理解。只有合适的自我袒露才可以增加一个人的吸引力。

影响沟通的不良心理还有许多,不只以上几类。这些不良心理,实在是我们自身的极大缺陷,不利于自身发展。为了提高自身素质,提升自身的软实力,保持自己的身心健康,实在很有必要。

7　给游说裹层糖衣

沟通无外乎两个目的,或是说服别人,或是被别人说服。要能有效地游说别人,那可不是一件容易的事。首先你本身就要有说服别人的实力,然后你再用各种技巧和方法,如先同意对方的看法,即自己先退一步,再诱导对方否定自己的想法,同意你的观点。

赫蒙曾被誉为全世界最伟大的矿冶工程师。他一生的故事都很动人。当他耶鲁大学毕业,又在德国弗赖堡修完硕士后,他回美国找第一个职业的经过就很有趣。

当他去找美国西部的大矿主赫斯特时,就利用了这么一个巧妙的策略而获得了职业。

赫斯特是一个脾气执拗,没有学历又不相信文凭的人。他向来不信任那些文质彬彬又专讲理论的工程师。因此他粗暴而又执拗地对赫蒙说:"我所以不想用你,就是因为你曾经是弗赖堡的硕士,你的脑袋里装满了一大堆没用的理论。我可不需要什么文绉绉的工程师。"

赫蒙说道:"倘若你答应不告诉我的父亲的话,我想告诉你一个秘密。”赫斯特答应他了。赫蒙一本正经地说:“我在德国其实一点也没有学到什么,我是在那里白混了三年。”于是赫斯特笑嘻嘻地说道:“好!很好!明天就来上班吧!”

赫蒙怎么能够在一个非常固执的人面前轻易地达到目的?说穿了,就是应用了这个“必要时不妨让步”的策略。对付反对意见的最好方法,乃是倾听对方的叙说,以表示我们即使不能同意,但是我们还是尊重对方的意见。在某些情形之下,我们的策略还得更进一步:有些反对意见必须在我们稍做让步后才能说服他们。

中国有句古话:退一步海阔天空。如果退一步能换来最后的成功说服,那也没有必要坚守自己的那一步而不肯退让。

在游说别人的时候,你如果能够设身处地站在对方的立场上替对方考虑,将会收到出人意料的效果。

有一位农夫使尽力气想把小牛赶进牛栏里。可是,小牛的脚就好像是被钉牢在地上一样,丝毫不为所动。农夫的太太正好出来,她不慌不忙地把自己的食指放入小牛嘴里让它吸吮,很容易就把小牛牵进栏里了。

农夫的太太就是站在小牛的立场替它考虑,她知道小牛现在需要什么。用这样的方法就是大象我们也可以使它移动。当然这对于我们也是一种非常适用的方式。

有一学者说:为了让自己成为受人欢迎的人,我们必须培养一种“设身处地”的能力,也就是抛开自己的立场置身于对方立场的能力。

汽车大王亨利·福特说:如果有所谓成功的秘诀,那必定就是指要能了解别人的立场。我们除了站在自己立场考虑之外,也必须要有站在别人立场考虑的处事能力。

因此,在你想要影响别人、让别人按照你的意思采取行动之前,你应该先反问自己:要如何做,才能引起对方按照我们意思去做的动机?

在游说别人的过程中,你如果能体恤对方的心情,设身处地,为对方着想,别人被你的诚心所感染,也会反过来考虑一下你的立场。这样,在不知不觉中,你们在感情上取得了共鸣,对方自然也就毫不费力地接受了你的意见。

吊一下他人的胃口,也是一种行之有效的游说方法。人人都有好奇心,在你满足了他人的好奇心的同时,对方也就会自觉地接受了你的意见。

电话机发明人贝尔有一次出门去筹款,他到一个富商希巴特先生的家里,希望他能够对于他正在进行的新发明投资一点资本。

他能开头就对他说这预算能获得多少利益的话吗?他能一开头就把他的科学理论解释给他听吗?

不!贝尔绝不会做出这样的傻事!在没有说这些话以前,他预先就布置好了一个"陷阱"。他不但是个发明家,也有十分出色的外交手腕。

当时他正弹着钢琴,忽然他停了下来,向希巴特说:"你可知道,如果我把这脚板踏下去,向这钢琴唱一个声音,这钢琴便也会复唱出这声音来。譬如我唱一声,'Do',这钢琴也会应一声'Do',这事你看有趣吗?"

希巴特当然不懂这是什么道理。于是静悄悄地放下他手中的书本,好奇地问贝尔,于是贝尔便详细对他解释了和音或复音电信机的原理。这场谈话的结果,希巴特心甘情愿地承担大部分贝尔的实验经费。

游说的方式有多种,但在游说别人时需区分不同的人。每个人都有自己独特的行事方式,你必须调整自己,对不同的人区分对待。

有一些来自世界各国的贸易代表,应地主国之邀,坐上豪华游轮,一面旅游,一面洽谈商务。

没想到船开到了大海中时,竟然因为机件过热爆炸,而使得船舱进水,缓缓下沉。

船长要大副通知所有乘客,赶快穿上救生衣跳下水去,可是这些贸易代表不肯跳入漆黑冰冷的大海里。即使大副用威胁强迫的口气命令这些乘客,也无法说服这些伶牙俐齿的贸易代表。

船长只好亲自来到客舱,说服各国代表,他一个个将他们带到旁边说了几句话。没想到,船长说完之后,大家都乖乖地穿上救生衣,跳入海里,等待救援。

就在船长也弃船之前,大副好奇地问他:“你是怎么说服他们的?”

“噢!没什么,我只是顺着他们的心理去说。我对英国人说,跳水绝对有益健康,不用担心;对德国人说,这是船长的命令;对法国人说,跳到水里获救时会上电视,很出风头;对俄国人说,这是伟大革命的一刻;对美国人说……”

“对美国人说什么?”大副追问。

船长笑了笑说:“上船前我为他们保了高额保险。”

协调人际关系时,每个人都会面对一系列纷繁复杂的问题,也必须去解决这一系列的问题。如何从心灵上说服、打动别人,是人际沟通中一个极重要的技巧。说服艺术是一种对内心控制力的考验,你能够使自己站在对方的角度,多尊重对方,增加自己的语言魅力,在日积月累中完善这门艺术,久而久之,一定能够创造和谐的人际关系。

8 倾听带给你的礼物

听人说话,不仅有助于对事物的了解及说话内容的掌握,而且是与他人心灵沟通的基础。大多数人都知道说话的重要性,因此侧重于说话的技巧和表达能力,而忽略了听话的重要性。以良好的态度,接纳他人的意见,才是沟通应具备的基本素质。专注地听人说话,表示敞开自己的心扉,坦诚地接受对方,尊重对方,体贴对方,从而实现心灵的畅通交流。

倾听有技巧。要达到有效地倾听,我们要做到以下几点:

首先,全神贯注地听别人讲话,眼睛注视着说话的人,脑子里要设法撇开其他的事情,将注意力始终集中在别人谈话的内容上。

其次,不要轻易地打断别人的话,即使对方的讲述平淡枯燥,也不要表现出心不在焉,或烦躁的表情。

再次,要有一定的反馈信息,如通过点头、微笑、手势、语言等响应对方,让对方有继续讲下去的兴趣。

倾听的前提是对方在说。如果对方不愿开口,那就要寻找对方感兴趣的话题作为突破口,从而见机行事。

一个大房地产公司想要在一个小镇上盖一栋大楼出售,房地产公司收购了一大片地,但无法动工,只因有一小块地为某固执老者所有,他一直不愿将这块地出售。而这块地却挡住了这个地区的出口。房地产公司先前没料到老者会不肯卖这块地,直到大片土地都买下来了,才忽然发觉这块土地没处理好。

房地产公司的老板很烦恼,甚至亲自去劝这位老者售地,但老先生不为所动。怎么办呢?眼看这个投资方案就要胎死腹中了,岂不是赔上老本?

有位新进的业务员见到老板愁眉不展,于是自告奋勇去说服这位老者。

老板心想:我自己出面都没用,你这个毛头小伙子又能做什么?

但看到业务员热心的样子,又不忍心泼他的冷水,只好答应他去试一下。

业务员来到老者的家里,老先生一听又是想来劝他卖地的,立刻挂上了张冷面孔,连杯开水也懒得倒。可是业务员装作一副无所谓的样子,东看看西瞧瞧。

“老伯,这是您的儿子吗?好帅哟!”业务员指着墙上的一张照片。

原来已经提高了戒心,表情僵硬的老先生一愣,随即回答:“是啊!他是我的独生子,现在在美国哈佛大学读博士学位哩!”

业务员见老先生稍稍松懈了戒心,于是又继续追问下去:

“你儿子从小怎么读书的，这么棒！您是怎么教他的？我家儿子要怎么读书才能像他一样？他现在有女朋友吗？将来想要做哪一行……”

业务员陪着老先生由下午两点一直谈到华灯初上，谈的都是老先生的独生子。老先生并且搬出来一大本照相簿，指着一些发黄的照片一一述说。

“噢！天色暗了，你今天就在这里用饭吧！我让家人准备几道好菜，你就陪我喝几杯！”

老先生的盛情自然不好推却，业务员就留下来陪老先生聊个尽兴。

你想，这块土地还会是问题吗？

过了两个星期，房产公司就开始动工啦！

倾听也是管理者必备的素质之一，成功的管理者大多是善于倾听的人。日本松下电器的创始人松下幸之助把自己的全部经营秘诀归结为一句话：细心倾听他人的意见。松下先生是用自己的实际行动来诠释倾听的重要性的。在商品批量生产之前，他要充分倾听各方面人员的设想和意见，在此基础上确立下一步经营目标。由于松下先生能充分认真听取各个层次的意见，所以处理问题时总是胸有成竹，当机立断，表现出敏锐的判断力。

让我们来看一看下面这个人是怎样善于应用倾听的。

“听说小刘到小镇上开杂货店了？”同学会上一位同学一脸难以置信的表情。

“清华大学毕业的学生，居然到乡下去开杂货店，真是不可思议。”另一位同学喝了一口鸡尾酒，撇撇嘴对身旁的几位同学说。

“就是说嘛，以他的辩才来说，走政治这条路应该是很适合的。”

“听说他还没毕业，就有人请他去当行政助理，却被他一口拒绝了，现在去当小杂货店老板，真是作践自己。”

“干什么这么想不开,是不是感情上出了问题?”

大家你一言我一语,有些惋惜又有些讥讽。

一流学府的高材生小刘开杂货店?他和未婚妻感情稳定,所以应该没有感情的问题,那么有什么事想不开呢?

小镇上新开了一家小杂货店,一个招牌“小刘的店”高高悬挂在店门口,白底黑字显得格外醒目。

小刘和未婚妻忙里忙外,但是总不忘对左右邻居和过往路人笑着打招呼:“有空来坐啊!”小刘亲切的笑容,融化了一张张由于陌生而布满了冰霜的脸。

小刘在店门口摆了几张椅子,几位住在附近的老人没事就过来坐在椅子上纳凉聊天。由他们口中,小刘对镇上的人和事逐渐有了了解。

“小刘的店”渐渐有了一些顾客,小刘和未婚妻经常亲切地和客人聊天,而一些客人和他们熟悉了以后,将家里大大小小的事都告诉他们,自己的心事也倾诉一番。店里时常有些不买东西的人驻足,只为了和小刘说说话,小刘总是扮演着最佳听众,而且时常热心地跟着客人回去修修水龙头,换换烧坏的电灯泡……只要是能做的,他都抢着去做。

店里逐渐很少看到小刘的身影,只有未婚妻里里外外的张罗。经常一个电话就能让小刘放下饭碗飞奔而去。

“小刘,鸡笼破了一个大洞,鸡都跑光了,只有我一个人在家,你快来帮我!”李大妈焦急地打电话给小刘。镇上只要一有事,大家说的第一句话就是“找小刘来”。

有一阵子,小刘的店门口每天聚集了一群人,像是在讨论些什么事情,为首的小刘每讲一句话,都会引起大家点头叫好。原来,小刘带领大家向镇长申请延长公车的路线,在小镇上多设两个站牌,并且计划架设社区有线电视网。

自然,一切的文书申请、开会协调,都由小刘一手包办。

不久村长换届选举,小刘脱颖而出顺利当选成了刘村长。

这一点儿也不让人觉得意外。

刘村长越来越忙,也越忙越起劲,大家都说对基层人事物最了解的刘村长,不久就要成“刘镇长”了。

由此可见,专注地倾听别人说话会给你带来“意想不到”的好处。沟通,不仅仅是你一个人向对方游说。同时,你也应诚恳地听取对方的意见或见解。专注地倾听才能增强你的沟通力。

9 用你的动作告诉对方

身体的语言与人所说的话在很大的程度上是矛盾的,此时的身体语言往往更为真实。比如恋爱中的男女,女方通常会对男方说“讨厌”、“真坏”之类的话语,而身体却倒向男方的怀中。身体语言不能像文字语言故意编造那样故意捏造,因为我们的姿势中一些微小的动作会和语言不一致。例如:摊开手掌表示诚实。当捏造者摊开手掌,面带微笑,却说着谎话时,一些细微的地方会让他露馅。比如瞳孔收缩、眉毛上扬、嘴角肌肉不自然,这些都与摊开的手掌和微笑相矛盾,结果就只能是他的话不可信。

人类的心理活动非常微妙,但这种微妙常会从表情里流露出来。倘若遇到高兴的事情,脸颊的肌肉会松弛;一旦遇到悲哀的状况,也自然会泪流满面。不过,也有些人不愿意将这些内心活动让别人看出来,单从表面上看,就会让人判断失误。

心理学专家曾做过这样一个实验:让试验人员进图书馆后,径直走到某个读者位置边坐下,并不断把椅子挪向这位读者,这种做法实际上是侵犯了读者的空间感觉。在受到侵犯的80名读者中,只有一人用话语明确地表示,要求试验人员另找一个地方坐,而其他79名读者都用非文字的人体语言告诉她,他们不愿意她坐得距离自己这么近。在80人当中,有79人是用身体语言来表情达意,这就说明了身体语言运用的广泛性。

在多数人的身体接触中,头是接触频率最高的身体部位。多数情况下,都是自我接触,如用手去摸头等。头只占人身表面积的九分之一,但有半数以上的自我触摸动作就在头部,而且这种自我接触动作,大约有650种。这些动作可以分为四大类。

隐蔽动作的触摸。这包括对噪音感到不耐烦时用手掩耳,或阳光等光线过强时用手遮眼等以遮断向感觉器官输入的现象。此外,用手掩盖哭泣等难过表情,企图加以掩饰的动作也包含在这一范畴之内。

整理身体动作的接触。即是将手举向头部做出"抓"、"擦"、"摸"等动作。这本来是以维护头部整洁为目的的,然而,当一个人陷入情绪混乱或紧张状态时,往往会做出类似整理身体的神经质行为。譬如:男性方面最普遍的"抓头"动作,大致上均可视为不满、困惑、害羞、痛恨自我等的直接表现。因此在这一时候,往往带有赧色或喘气的现象。东方人则害羞成分较大,一边抓头,一边哑然失笑的情形很多。另外,脑中加速思考活动、接受面试等面临燃眉之急的重大事情之时,所产生"摸头发"、"抓头"动作也包含在相同的整理身体动作的范畴内。

特殊象征的接触。以象征性的行为接触头部的动作就是典型之一。为了强调正在用脑筋思考,咚咚地敲头或手贴在头部不动等动作,就属于本分类的范围。另外,还有"抱头"的表现,将双手抱在后脑,一如字义的抱头动作,也同样地表示陷入深思的状态。

东方人不能理解一件事物而进行深思时,不断做出歪头动作,欧美人一般则是将手掌贴在太阳穴附近表示正在思考。另外,用无名指轻点太阳穴的人也不少。这些动作本身均是一种表示心理上感到"疑难"的信号。同时,下意识地按住人体要害之一的太阳穴,也可视为是企图对思维予以刺激的行为。美国人陷入自我侮辱的心理状态时,也有伸出食指朝着太阳穴,做出手枪型射击自己脑部的自我接触之举动。

此外,属于此种象征的接触,还包含有突然想起某件事情时,一边说"啊,对了"一边使劲拍打前额的动作。

自我紧密性的接触。作为对人亲密性的类似、模仿动作,用手接触头部的情形,即属于该范畴。这也是为了获得精神上的安定,下意识所形成的心理作用。在手与头部的接触动作范畴中占五分之四的比例。人类接触头部的最大动机，是对他人的一种潜在的身体接触欲求。在此种自我接触之中，人们最常做出的动作，就是靠在桌面或柜台上，用手支撑头部。肉体上的疲劳并非这一动作的主要原因。当作头部支柱的手，在这一场合，进行超越本来机能的活动，亦即当作一种形象，取代了拥抱自己，给予安慰的朋友，用自己的手，再度体会安慰与亲密性的快感之意。而且，由于这一动作可公然在他人面前做出，所以，一旦希求精神上的安定时，很自然地就会产生此种动作。

眼睛是心灵的窗口，以眼穿人，如透窗视屋，可知其内。眼睛的动作是很精巧、细致的，这就要求我们以眼察人时，自己眼要厉害，要看得细，看得准。以眼穿人，对我们准确地察人有着很大的帮助作用。

希腊神话里有这样一个故事：若被怪物三姐妹中的美杜莎看上一眼，立刻就会变成石头；这是将眼睛的威力神化了。

从医学上来看，眼睛在人的五种感觉器官中是最敏锐的，大概占感觉领域的70%以上，因此，被称作"五官之王"。孟子云："存之人者，莫良于眸子，眸不能掩其恶。胸中正，则眸子了焉；胸中不正，则眸子眊焉。"从眼睛里流露出真心是理所当然的，"眼睛是心灵之窗"。

深层心理中的欲望和感情，首先反映在视线上，视线的移动、方向、集中程度等都表达不同的心理状态，观察视线的变化，有助于人与人之间的交流。爬上窗台就不难看清屋中的情形，读懂人的眼色便可知晓人们内心状况。

在肢体语言中，眼睛有双重功能：接收并发送信息。我们都有这样的感觉，对那些说话时眼睛看着我们的人比较信任，因为那种眼神仿佛在说他们在说实话，他们在专心地听你讲，但有时也要注意一个度的问题，人们并不喜欢被注视的感觉。当你说话时用眼睛直视着对方，或特别注意对方时，对方得到的信息是你很愿意跟他沟通，并且你很在意他们是否聆听或了解。但是，当直视变成了凝视，人们就会开始感到局促不安，心神不宁。一般而言对人凝视会被视为不礼貌、不妥当且令人害怕。只有当你同他人互相友好地看着对方的眼睛时，彼此的良好沟通关系才能建立。

身体动作是人们在下意识下做出的,是人际沟通中,对语言的有力补充。有一些通用的沟通动作大家都知道,比如点头是肯定,摇头是否定,微笑表示愉悦、友善,耸肩、挑眉表示不知道、不明白。

还有一些隐藏性的肢体语言是我们要了解和掌握的。例如,判断一个人是否诚实可靠,有效的途径之一就是观察他讲话时手的动作。小孩撒谎时,手掌藏在背后,成人撒谎,往往将双手插在兜内,或是双臂交叉,不露手掌,都是要把手掌藏起来。

有地位的人都有背手的习惯,显然,这是一种表示至高无上、自信的肢体语言。此外,背手还有“镇定”作用,双手背在身后,表现出自己的“胆略”。学生时代,被老师提问背书的时候,双手往后一背,确能起到缓和紧张情绪的作用。

在沟通过程中,不要玩弄你的衣服或手指及其他一些饰品,因为这样做会使对方分散对你的注意力。另外还有一个原因,这样做会给人一种懦弱且缺乏自我控制力的印象。

在非语言信息的传播领域里,真可谓“眉来眼去传情意,举手投足皆言语”。在沟通过程中,你所有的行为都是信息,一个成功的沟通者必须了解并掌握这些非语言信息。否则,你可能会陷入沟通不良的沼泽里。

10 赞美如阳光,批评如雨露

金无足赤,人无完人。人生在世,孰能无过。我们在沟通过程中,往往会发现别人身上的缺点和过错。一般来说,人们都会对自身的错误进行自我反思,自我批评。但是,当局者迷,旁观者清。自己的反思再深刻,总不如“旁观者”看得透彻。所以,当我们发现别人过失时,及时地予以指正和批评,是很有必要的。有人说赞美如阳光,批评如雨露,二者缺一不可,这话是有道理的。我们在沟通中,既需要真诚的赞美,也需要中肯的批评。

美国著名作家、幽默大师马克·吐温说:“一句赞美的话能当我十天的口粮。”赞美他人，是我们在日常沟通中常常碰到的情况。要建立良好的人际关系，恰当地赞美别人是必不可少的。称赞不需花费一分钱，而给人们带来的喜悦却是难以估量的。既然这样，我们为什么不去称赞别人呢？

我们总是希望别人能够处处发现我们的优点，并因此对我们怀有一定的尊重与崇敬。你要做的是：你得先发现别人的优点，并加以赞美，通过赞美别人的优点来衬托自己的优点。

美国的一位学者这样提醒人们：努力去发现你能对别人加以夸奖的极小事情，寻找你与之交往的那些人的优点，那些你能够赞美的地方，要形成一种每天至少五次真诚地赞美别人的习惯，这样，你与别人的关系将会变得更加和睦。

赞美可以用自己微小的付出满足别人的自我，成为别人幸福的源泉。赞美别人其实很容易，只要细心观察，理解别人，站在对方的立场上考虑，你就很容易找到赞美的突破口，甚至一个眼神，一个笑容都能把你的赞美之意传递给对方。

人人都需要赞美，我们要随时随地做好赞美他人的准备，但是，赞美也要适度，如果赞美过火，不仅不能给你带来良好的人际关系，更可能带给别人对你的负面印象——马屁精！

什么才是适度的赞美之词？有事实根据，能令你心动、感动的言行、事物，然后依此将心中的感受据实表达出来，用以鼓舞对方，认同对方，这就是适度的赞美。

赞美是人们的一种心理需要，是对他人尊敬的一种表现。恰当地赞美别人，会给人以舒适感，同时也会改善我们的人际关系。赞美是人类精神的阳光，没有它，我们几乎不能生存。

由此可见，赞美不可少，批评也不可或缺。沟通中需要真诚的赞美，也需要善意的批评。做一个有心的职场沟通者，由你的赞美去表扬鼓励他，用你的批评去鞭策帮助他，这样一来，你的职场人生将无往不胜，无限精彩。

有人以为，批评他人往往是“得罪”人的事，人们之所以会有这种想法,主要是因为我们在批评他人时缺乏技巧。社会发展至今,许多“良药”已经包上糖衣,或经过蜜炙,早已“不苦口”了;我们就是要把那些忠言变得“不逆耳”。

要做到忠言不逆耳,既达到了批评他人的效果,又维护了对方的自尊,应注意以下批评技巧:

首先,要尊重事实。批评人要尊重事实,有一就是一,有二就是二,实事求是,以理服人,就事论事,对事不对人,不能捕风捉影、无中生有。如果你的批评超出了事实范围,甚至进行人身攻击,就会严重伤害对方的自尊心,使他感到在人格上受到了侮辱,对方会对你怀恨在心,问题就更加不容易解决。

其次,批评他人时,态度要诚恳,语气要温和。批评他人是为了帮助对方认识错误,改正错误,而不是要制服别人,更不是为了拿别人出气或显示自己的威风,所以批评他人时态度一定要诚恳,不要摆出一副很严肃或阴沉的面孔,郑重其事地用指责和强硬的口气说话,要站在对方的立场上,以关怀、爱护、诚心诚意的态度来对待他;态度要诚恳,语气要温和,这样才有利于达到批评他人的目的。

大学教授张先生,在木工手艺方面十分拿手。只要有时间,他便会自己动手做些家具,所以在他的家中,大部分的家具都是他的杰作。

但人并非十全十美,有优点必有缺点。张先生的缺点便是不能物归原处,常常把工具随处乱放,等到要用时却又找不到,因而常向妻子发脾气。他的妻子也因此深感困扰,每天都在琢磨如何劝谏她的丈夫。

有一天,张先生正在订制一个橱柜,妻子认为是劝谏的好时机。于是在他工作时,妻子便对他说:“你的一双手真是灵巧,给这个家庭贡献了许多心力和智慧。但只要你能养成物归原处的好习惯,相信就能十全十美了。”

再次,指出别人的错误前要先检讨自己的不足。在指出别人的错误之前,先检讨一下自身的不足,并坦率地指出自己也并非完美,那样别人也比较容易接受你的批评。

人都是有自尊心和荣誉感的，有的人之所以不愿接受批评，主要原因便是怕触伤自己的自尊心和荣誉感。为此，我们在批评他人时，便要采取一种不同于直接批评的方法，却能达到批评他人使其改正错误的方式，即是含蓄地批评。

著名画家张大千，早年在法国巴黎举办个人画展，特地邀请世界著名画家毕加索前来指教。毕加索在画廊转了一圈，就不声不响地出门去了。张大千紧追上去，请求毕加索给予指教。毕加索说："这里没有你的一张画。"张大千急忙解释道："这整个画廊的画都是我画的。"毕加索还是一声不吭地走了。

后来，张大千终于悟出了毕加索的言外之意：这些画只不过是继承了传统中国画笔法摹写出来的。从此以后，张大千刻意求新，勤学苦练，终于画出了自己的特色，开创了中国画的新流派。本来，以毕加索的威望和地位，完全可以直言不讳，开诚布公地讲出自己的看法。然而，他却用了一句十分幽默的话，给张大千留下了深刻的印象和自我思考醒悟的余地，使张大千终生难忘。

最后，批评他人时要以真诚的赞美为开头，即"三明治"式的批评。当我们听到别人对我们的某些长处表示赞赏之后，再听到他的批评，心里往往会好受得多。批评者讲对方的长处，起到了替对方辩护的作用，避免了对方的误会，使对方明白批评是对事不对人的，这样比较符合人的心理适应能力。

第六章　意志力：蕴藏在人体内的神奇品格

在人生的道路上，一些人聪慧过人，并接受过良好的教育，却事事失败；而另外一些人资质平平，命运坎坷，受教育的机会也较少，却最终走向成功。这是为什么呢？也许，意志力的差异可以解释这些。意志力是一个人品格和成就的体现。坚强的意志，会引导一个人在伟大目标和高尚动机的激励下，在理念与智慧的指引下，积极行动。凡是拥有强烈意志的人，一定是那种积极的、有建设与创造本领的人。每个人都想拥有成功，希望成就一番事业，但真正能做事、成事的，却只有那些怀有强烈意志或意志坚强的人。

1 意志力创造人类奇迹

具有坚强意志的人，有着不屈服于任何打击的顽强性，在困难、挫折、打击、不幸面前，刚毅不屈，不灰心泄气，不悲观动摇，坚强地与逆境相斗争。他们有着敢作敢为的果断性格，面对复杂现实仍沿着明确的思路，采取勇敢的行动，把思想动机和决心贯彻到底，创造了一个个人类的奇迹。

1959 年潘多被调选到中国女子登山队，开始了登山的运动生涯。1961 年 6 月 27 日潘多和西绕胜利登上海拔 7595 米的公格尔久别峰顶峰，打破了 7546 米高度的世界纪录。不幸的是，在返回途中，遭遇雪崩，西绕光荣牺牲，潘多死里逃生，雪崩使她神志不清，脚趾严重冻伤，后被截去 5 个脚趾。1974 年国家批准了中国男女混合登山队再次从北坡攀登珠峰的要求。潘多被任命为中国登山队副队长，那时她已经 37 岁，已是 3 个孩子的妈妈，是队里唯一的老队员。1975 年 5 月 27 日早晨，9 名运动员向顶峰冲击，登上了连鸟都飞不过的珠峰第二台阶，经过顽强拼搏，潘多和 8 名男运动员终于胜利踏上地球之巅、世界最高峰——珠穆朗玛峰。正如狄更斯说：顽强的毅力可以征服世界上任何一座高峰。

2000 年 8 月 8 日，36 岁的张健面对直线距离 109 千米的渤海海峡，开始了人对自然的一次伟大征服。历经 50 小时 22 分钟，张健不间断地游出了 123.58 千米，这相当于长距离游泳运动员 55 天的运动量，相当于在陆地上跑 438 千米。在长达 50 多个小时的横渡中，自身体温的保持、能量的补充、海水刺激的预防、流大风急等困难以及鲨鱼、海蜇等海洋生物的威胁都是无法回避的难题。尤其是在没有防鲨网箱防护的情况下横渡，危险之大可想而知。张健凭着自己的胆识、顽强的毅力和不屈不挠的精神，不但书写了人类横渡海峡距离最长的世界纪录，也掀开了自己人生的新篇章。

年轻的护士哈蒂和加利福尼亚州来的杰克一起去登山。下午2点30分,哈蒂在山崖凹陷处享受和煦的阳光,可山顶风速已达每小时90千米。一块巨大的岩石骤然降落,砸在哈蒂的左腿上,血流如注。她发现自己的左小腿仅剩二十几毫米宽的皮肤和肌肉与膝部相连。她意识到自己如果不及时想办法就会因腿动脉破裂出血致死。她努力使自己镇静,坚毅地把几乎被砸断的腿放直,但一点儿感觉也没有。同伴杰克听到喊叫迅速下滑到她身旁,抱起她走向公路去寻找车。

一辆卡车把他们带往附近的诊所。在15分钟颠簸的路程中,哈蒂用双手紧紧地把伤腿固定,心想:最危急的关头已经闯过了,我一定要坚持下去。小镇诊所的护士面对如此惨况吓得不知所措,是哈蒂在下达命令:"我是急救护士,听着,用16号针头扎入我的前臂,马上输入乳酸盐林格注射液,每分钟测一次血压。"诊所大夫为她的精神所折服。余下的几个月里,她经历了十几次手术,右腿上一根静脉被抽出,移入左腿代替动脉供血。她咬紧牙关挺过来了。坚毅,使她起死回生。

哈蒂面临这样不幸的境遇,表现出了坚毅的意志力量。由此可见,坚强的意志是一种超越,一种突破,是对生命的创造,是向外界的挑战。遇险不惧,遇危不乱,遇挫不折,反映出人类的坚强意志。坚强的意志无疑是事业大厦的一块奠基石。

日本有一对年届70岁的双胞胎老太太,姐姐认为到了这个年纪可以算是人生的尽头了,于是开始料理后事,不久她就告别人世了。而妹妹却不在乎自己的年龄,她要做自己喜欢做的事,于是她订了一个学习登山的计划,冒险攀登高山,她先后登上了几座世界名山,在她90岁高龄时登上了日本的富士山,打破了攀登此山的最高年龄纪录。

居里夫人这样说道:不论对任何困难,都绝不屈服。在捷径道路上得到的东西绝不会惊人。当你在经验和诀窍中碰得头破血流的时候,你就会知道:在成功的道路上,流的不是汗水而是鲜血。

发明大王爱迪生一生拥有1000多项专利,平均每两个星期就申报一次发明专利。爱迪生出生于美国米兰镇的一个贫穷农民家庭,仅上了三个月学便退学,很小就帮助家里干活,8岁时就能自己种菜,挑到街上去卖;后来在火车上卖食品及报纸,饱受艰难生活的磨炼。这种早期的艰苦经历,磨炼了他的坚强意志,这使他受益终生。爱迪生一生热衷于发明创造,特别是毕生从事发明的“敬业精神”,使他成功地进行了2000多次发明,为人类做出了巨大贡献。他经常废寝忘食地阅读各种科技书籍,并不断地进行实验。仅以实验蓄电池为例,他失败了10296次,然而他并不气馁,终于在第10297次试验中取得成功。

其实,那些创造奇迹的人,同我们一样,也只是一个普通人,之所以我们不能创造出如他们那样的业绩,只是因为我们的意志力不如他们的意志力坚强。意志力,实在是蕴藏在我们体内的神秘力量,期待我们的开发。

2 人的差异在于意志力

人与人之间的差异,往往并不是能力、素质、教育等方面的差异,而是内在意志的差异。只是因为意志比较弱,才会有那么多失败者,而那些意志坚强的人才是少数的成功者。

心理学家劳尔说:随着年龄的增长,我越来越体会到,人与人之间、弱者与强者之间、大人物与小人物之间最大的差异就在于意志的力量,即所向无敌的决心,一个目标一旦确立,那么,不在奋斗中死亡,就要在奋斗中成功。具备了这种品质,你就能做成在这个世界上可以做的任何事情。否则,不管你具有怎样的才华,不管你身处怎样的环境,不管你拥有怎样的机遇,你都不能使一个两脚动物成为一个真正的大写的人。

意志力坚强的人,完全有能力超越环境和自身不利因素的阻碍。

贝多芬失去了听觉后,仍为世界谱写了宏伟壮丽的《第九交响曲》。托马斯·爱迪生是聋子,他要听到自己发明的留声机唱片的声音,只能靠用牙齿咬住留声机盒子的边缘,通过头盖骨骨头受到震动,才得到声响感觉。

美国科学家弗罗斯特教授历经25年,硬是用数学方法推算出太空星群以及银河系的活动、变化。但他却是个盲人,一点也看不见他热爱了终生的天空。

爱尔兰著名作家布朗,一生中写出了五部巨著,令人惊叹的是这些著作是他用左脚趾写成的,其间的艰辛可想而知。

布朗生下来就全身瘫痪,头、身体、四肢不能动弹,不会说话,长到五岁还不会走路。但五岁的小布朗会用左脚趾夹着笔在地上乱画了。在母亲的耐心教导下,布朗学会了26个字母,并对文学产生了浓厚的兴趣。

布朗克服因身体残疾带来的不便,他用超出常人的意志,进行刻苦顽强的磨炼,学会了用左脚打字、画画,也开始了作文和写诗。他进行写作时,把打字机放在地上,自己坐在高椅上,用左脚上纸、下纸、打字、整理稿纸。经过艰苦的努力,终于创作了大量的文学作品。尤其是他的自传体小说《生不逢辰》面世后,轰动了世界文坛,被译成了15国文字,广泛流传,并且拍成电影鼓舞着世界人民。

这位一生都在与病魔做顽强斗争的伟大作家,在他短暂的一生中,一直都在写作。直到他48岁告别人世前,还最后完成了小说《锦绣前程》,为我们留下了宝贵的精神财富。

如果你常常觉得自己的条件不够好,那么,从这些人身上,你应该找到原因——顽强的意志。意志,帮助我们克服困难;意志,帮助我们抗拒阻力;意志,陪伴我们走向成功。

3 意志力是成功的向导

意志力代表着一个人生活或做事的方式;意志力引导着自己,也指挥着人身体的其他部分。意志力不仅是指下决心的决断力,不仅是用来感悟理解的感受力,或是进行构想的想象力;意志力是指所有"进行自我引导的精神力量本身"。从某种意义上说,意志力就是我们全部的精神生活,而正是这种精神生活引导着我们行为的方方面面。

意志力可被看作是一种能量,而且根据能量的大小,还可判断出一个人的意志力是薄弱的,还是强大的;是发展良好的,还是存在障碍的。

有个走钢丝的杂技演员曾说过这样一件事:"有一次,我参加走钢丝比赛,而那几天我的腰疼病又发作了,我只好去看医生。然而,我的病情并不见好转,临比赛前的最后一天晚上,医生与我争辩,他极力反对我第二天去走钢丝。我对他说:'我为什么要听你的劝告?如果你不能把我治好,为什么我还要遵从你的意见?'第二天,当我赶到现场时,尽管我的腰还很疼,但我还是准备好了平衡竿,走上了钢丝,完成了所有的动作。结果,一切很顺利。但当我走下钢丝的时候,我又腰疼难忍。是什么使我在犯腰痛病的情况下完成了比赛呢?答案就在于我的意志力。"

一个人拥有坚强的意志力意味着,他通过意志力本身、通过自己的身体或其他的事物,能够利用巨大的内在能量来实现自己的目标。意志力不仅是思想中的一种动态力量,也是一种与人的目标紧密相关的力量——这种目标可以是短期的、近在眼前的,也可以是长期的、远在未来的。而意志力在长期的目标中所能起到的作用,则取决于它在平时每一次下决心来完成某件事时所起的作用。

1883年,富有创造精神的工程师罗布林雄心勃勃地意欲着手建造一座横跨曼哈顿和布鲁克林的桥。然而桥梁专家们却说这计划纯属天方夜谭，根本不可能成功，不如趁早放弃。罗布林的儿子华盛顿，是一个非常出色的工程师，也确信这座大桥可以建成。父子俩克服了种种困难，在构思着建桥方案的同时也说服了银行家们投资该项目。

然而大桥开工仅几个月，施工现场就发生了灾难性的事故。罗布林在事故中不幸身亡，华盛顿的大脑也严重受伤。许多人都以为这项工程因此会泡汤，因为只有罗布林父子才知道如何把这座大桥建成。

尽管华盛顿丧失了活动和说话的能力，但他的思维还同以往一样敏锐，他决心要把父子俩费了很多心血的大桥建成。一天，他脑中忽然一闪，想出一种用他唯一能动的一个手指和别人交流的方式。他用那只手敲击他妻子的手臂，通过这种密码方式由妻子把他的设计意图转达给仍在建桥的工程师们。整整13年，华盛顿就这样用一根手指指挥工程，直到雄伟壮观的布鲁克林大桥最终落成。只要你意志坚定，生命中就没有不可能，只要你永不放弃，万事皆可成。

拿破仑·希尔曾经说过：很多人之所以能成功，就在于他们不怕失败。他心中总是想着要完成的事，总是用全部的热诚，全力以赴，从来不会去想是否会失败。即便他们失败了，也会立刻站起来，抱持更大的决心，向前奋斗，直到成功为止。

有的人在事业上一经挫折，就会一败涂地，从此一蹶不振。然而那些有“坚韧的意志”的人，是不会认输的，所以也就不会一败涂地。即便失败了，他们也不以那失败为最终的命运。每次失败之后，他们都会以更大的决心、更多的勇气站起来前进，直至取得最后胜利。

你是否看见过一个做事时不管情形怎样，总是不肯放弃、不肯丧气，而且在每次失败之后会含笑起立，以更大的决心冲向前去的人？你是否看见过一个不知失败为何物的人；一个不知什么是受挫的人；一个从不认为不可能的人；一个任何困难和阻碍都不能使他跌倒，任何灾祸和不幸都不会使他灰心的人吗？假使你曾经看见过这样的一个人，那他就是值得你学习的人。

大胆、无畏，永远是成就大事业的人的特征；胆小怕事，不敢冒险，逃避困苦的人，一生只能碌碌无为。

当你有“向后转”的念头时，就应该加以注意了，因为这是最危险、最关键的时刻。历史上许多伟人的大事业，都是在大多数世人想要“向后转”的时候所成就的。

几乎每个造福人类的科学发明，都是出于那些有极强的“坚韧的意志”的人之手。霍乌在努力于缝衣机的发明时所受到的痛苦、贫穷与损失，能够忍受得下的恐怕没有几个人。世界上一切大事业的成就，都是假手于那些别人放弃而自己还是坚持的人。

许多人做事有始无终，开始时满腔热忱，但到了中途往往会半途而废。他们之所以会如此，就因为他们没有坚强的意志，来使他们达到最终的目的。

一个人在做事时，能否坚持到底，是否有坚强的意志，是测验一个人的品格的一种标准。坚持不懈是难能可贵的。许多人都能自觉随大众向前，在情形顺利时也能努力奋斗，但是当大众都已退出，都已向后转，而自己却还要孤身作战仍坚持不放手，这就很难了。这是需要坚韧力，需要毅力的。

只要有一颗强烈的进取心，有超强的意志力在心中勾画出完整的生产图景和成功后的喜悦景况，并且坚信这些一定能成为现实，意志就会使你一步步向成功迈进。

第二次世界大战期间，前方急需船只，萨德便想制造。他自己清楚，他根本就没有造船经验，可他的意志非常坚定，进取心非常强，并自始至终坚信自己一定能按期造好所有的船只。当他订购了一火车钢料时，就确信钢料已完全按照既定的进度进行了生产，铁路已受到警戒，而且他的员工也都准备好接收这批钢料。

在实际生产中，他废寝忘食，全身心扑在造船上。他派人到工厂探查并且及时回报生产进度。他还随货出航，以确保不出现任何差错以及迟延时间。凯萨的行为,员工们看在眼里,效仿于行动之中。每当在生产过程中出现困难,他们就想尽办法加以克服;如果出现差错,就采取一切必要手段来控制,并设法抓紧时间弥补。凯萨终于成功了,他的造船效率震惊了全世界。凯萨坚强的个人进取心,成为了许多人日常生活和工作的楷模。

一个人如果能够时刻保持进取心,具备超强的意志力,思想始终积极向上,在他的人生之旅中,就能把握更多的机会,取得更大的成绩。

4 相信“能”的人就会赢

在任何情况下都不能怀疑自己的能力。要相信,即使你的能力暂时还很差,只要你的进取心不灭,始终保持积极的心态,你的意志的力量早晚会出来帮助你,只是你还没有把它唤醒罢了。

电影巨星史泰龙在进入影坛之前十分落魄,最穷时身上只有几美元,连房子都租不起,睡在汽车里。当时,他立志要当演员,并信心十足地跑到纽约的电影公司应聘,但都因外貌平平、咬字不清而遭到导演的拒绝。当纽约所有电影公司都拒绝他之后,他仍然坚持“过去不等于未来”的坚强意志,从第一家电影公司开始再度尝试,在被拒绝了1855次之后,他写了电影剧本“洛基”,并拿着四处推荐,却同样遭到嘲笑和打击,在他几乎绝望的时候,他终于遇到一个电影公司老板,愿意出资拍摄他的剧本,但不允许他在影片中担任角色。但史泰龙据理力争,终于打动了电影公司老板,成为这部电影的男主角。坚持到底的史泰龙,终于一步一步成了闻名国际的超级巨星。你能面对1855次的拒绝仍不放弃吗?史泰龙能,所以他能成功。只要你决心去做,你一定也能。

美国著名推销大师汤姆·霍普金斯,从小就背负着父亲希望他当律师的期许,当他浪费了父亲毕生的积蓄,从学校休学回家时，他的父亲失望得流下泪来，并说："汤姆，我看你这辈子都不会成功了！"

汤姆在第二天离家出走，接着选择了推销房地产的行业。前六个月，汤姆一点业绩也没有，身上只剩一百美元，他用这仅有的一百美元参加一门加强推销技巧的研讨会，之后，他连续八年得到全美房地产的销售冠军，开劳斯莱斯轿车，环游世界，并教导无数业务员推销的方法。他成功的原因是什么？他说："支持我遇到挫折也勇往直前的是一个信念：成功者绝不放弃，放弃者绝不成功。"

由于"水门事件"，尼克松被迫辞职。从辞职到他逝世的20年间，他经历了巨大的精神折磨。在被迫辞职后的最初一段时间里，他被突然降临的失落与忧愤，媒体的穷追猛打和冷嘲热讽，朋友的敬而远之打倒了，62岁的尼克松患上了内分泌失调和血栓性静脉炎，医生说他基本上是一个废人。

但他并没有被真正打倒，而是持之以恒地连续撰写并出版了《尼克松回忆录》、《真正的战争》、《领导者》、《不再有越战》、《1999——不战而胜》和《超越和平》等一系列畅销全球的著作，以在野身份继续关心和介入美国内政外交，直到生命的结束。

他面对挫折表现出来的坚忍不拔和对国家的强烈忠诚，战胜人性弱点重新攀上人生巅峰的勇气却受到所有人的钦佩。尼克松说："我不怕失败，因为我知道还有未来。失败固然令人悲哀。然而，最大的悲哀是在生命的征途中既没有胜利，也没有失败。"

坚持到底就是胜利，但真正做到坚持到底的人可谓少之又少。人在奋斗的过程中，由于条件有限，加之种种干扰必然困难重重。现实常常这样：在你向目标挺进的过程中，突如其来的打击，一次又一次的失败，莫名的痛苦和烦恼……如影随形跟着你，难以彻底摆脱。于是，人们便有了勇敢和懦弱、坚定和犹豫、洒脱和痴迷、勤奋和懒惰、廉洁和贪欲之分，也就是说，有了强弱之别，有了坚持到底和中途止步的差异。

要做一个强者，首先要做一个精神上的强者，做一个坚忍不拔、威武不屈、意志坚定的人。这个世界上不存在人无法克服的艰难和困苦，在你身陷绝境时，在你气喘吁吁甚至精疲力竭时，你只要再坚持一下，奋力拼搏一下，困难就会被你征服，你就坚强了许多。因为你有不屈的意志，因为你相信你"能"，因此你一定能赢。

5　坚强的意志力让气馁无处藏身

要取得成功，需要有顽强的意志力、坚定的信念和孜孜不倦地追求。

亚伯拉罕·林肯是美国最伟大的总统之一，他也是一位真正意志坚定的人，他的故事一定会对你有所启发。

1832年，林肯失业了，这显然使他很伤心，但他下决心要当州议员，而不幸的是竞选失败了。在一年里接连遭受两次沉重的打击，这对他来说无疑是痛苦的。

他又开始着手办企业，可是仅仅一年，企业又倒闭了，后果是他在以后的17年间，为了偿还企业倒闭时所欠的债务而四处奔波，历尽磨难。

1835年，他订婚了，然而，离结婚还差几个月的时候，他的未婚妻不幸去世。这对他精神上的打击实在太大了，他心力交瘁，病倒了，数月卧床不起。

1836年，当他再一次决定参加竞选州议员时，他成功了。

1838年，他决定竞选州议会议长，这次他又失败了。1843年，他又参加了竞选美国国会议员，这次他仍然没有成功。

一次次地尝试，一次次地遭受失败，一般人也许早就气馁了，放弃了，但林肯没有放弃，也没有说：要失败了会怎样？

1846年，他又一次参加竞选国会议员，这次终于成功了。

两年任期很快过去了，他决定要争取连任。他认为自己作为国会议员的表现很出色，选民会继续拥戴他，但结果他落选了。

1854年,他竞选参议员,但失败了;两年后他竞选美国总统提名,结果被对手击败;又过了两年,他再一次竞选参议员,还是失败了。

但林肯从没有停止努力,他一直在寻求进步之路。1860年他终于当选为美国总统。

面对困难林肯没有退却,没有逃跑,他坚持着,奋斗着。他从来就没有想过要放弃尝试,也不愿放弃努力。就像每个自由的人一样,林肯也有自由选择权。他可以选择畏缩不前,不过他没有退却。

你同样可以在困难面前不必退却逃跑。一遇挫折便选择放弃,不再努力了,那么你永远不会胜利。

失败者总是说:“你要是遭遇困难的话,就退却、停止、放弃、逃跑吧!其实,你不过是个无名小辈。”

千万不要听信这种劝言。成大事者对此从来都不加理会,他们在失败后总会再去尝试。他们会对自己说:我又发现了一条行不通的道路,现在我应该再从另外一条路上去尝试。

所以,你在人生之路上无论遇到什么样的难题,都不要放弃继续尝试的机会!千万不要灰心,让你的意志力更顽强,毅力更坚定,你就会逐渐走向成功。

6 将意志力集中在一个目标上

目标一定要专一,不能游移不定,这是成功者必须具备的特性。生活中大多数人有一个共同的悲哀,那就是今天制定这样一个目标,明天制定那样一个目标,后天又是一个新目标,长此以往,目标游移不定,最后肯定会一事无成。目标游移不定,实际上就是意志不够坚定。三心二意,这不但会消耗精力,而且也浪费青春,到头来只能竹篮打水一场空。

在茫茫的大草原上,有一位猎人和他的三个儿子。这天,老猎人带上

三个儿子要去草原上打野兔。一切准备停当,四个人来到了草原上,这时老猎人对三个儿子提出了一个问题:

“现在,你们都看到了什么呢?”

老大回答道:“我看到了我们手里的猎枪,在草原上奔跑的野兔,还有一望无垠的草原。”

父亲摇摇头说:“不对。”

老二的回答是:“我看到了爸爸、大哥、弟弟、猎枪、野兔,还有茫茫无垠的草原。”

父亲又摇摇头说:“不对。”

而老三的回答只有一句话:“我只看到了野兔。”

这时父亲才说:“你答对了。”

果然,老三打的猎物最多。

目标专一就是你必须要设定一个固定的目标,而这个目标又必须是清晰的、切实可行的,而不是虚无缥缈的。目标一旦确定,就要付诸行动,去执著地追求。

印度尼西亚的“木材大王”黄双安就是靠着对目标的专一追求而取得了成功。

黄双安16岁那年就跟随他人离开家乡,到印度尼西亚开始了自己的创业之路。

他到了印度尼西亚后,开始靠卖苦力维持生活。后来又做小摊贩,先后换了10多种行业,但每次都以失败告终。或许这是命运对他的捉弄,或许是成功之神有意磨炼他的意志。一些认识他的人看到他的惨况,都暗地说他命中注定永远是失败者。而黄双安却对种种失败泰然处之。他在认真总结了自己10多种行业的选择之后,最后对准了一个目标,就是木材业。他这次确立的创业目标,基于他曾在伐木场工作过,对该业务熟悉,而且印度尼西亚林业资源极为丰富,且尚未大量地开发。

从此黄双安专注于木材业。他首先从事林木开发,后来又取得了伐木专营权,紧接着他发展木材下游工业,成立加工厂及夹板厂。

经过40年的经营，黄双安的集团已成为印度尼西亚第二大木材集团，拥有伐木专营区总面积400万公顷。

在今天的社会里，目标专一就是把意志和精力都集中在某个特定的欲望上的行为，并要一直坚持到已经找出实现这个欲望的方法，而且成功地将之付诸实际行动为止，这样才可以获得成功。

7 意志激发潜能

每一个人的身体内都有相当大的潜能。潜能大师安东尼·罗宾告诉我们：任何成功者都不是天生的，成功的根本原因是开发了人的无穷无尽的潜能。而要开发你的无尽潜能，需要你的非凡的意志力。只要你抱着积极心态去开发你的潜能，你就会有用不完的能量，你的能力就会越用越强。相反，如果你抱着消极心态，不去开发自己的潜能，那你只有叹息命运不公，并且越消极越无能！

相信很多人都听过这个寓言：

有一天，一个男孩在养鸡场附近的一座山上玩，发现了一个鹰巢。他从巢里拿了一只鹰蛋，带回家让一只母鸡来孵。结果，孵出来的小鸡群里有了一只小鹰。

直到有一天，一只老鹰翱翔在养鸡场的上空，小鹰感觉到自己的双翼有一股奇特的力量，感觉胸膛的心正猛烈地跳着。它抬头看着老鹰的时候，一种想法出现在心中：我也要像它一样，翱翔天空。我要飞上蓝天，栖息在山岩之上。

小鹰展开了双翅，飞到一座矮山顶上，最后冲上了蓝天，它发现了伟大的自己。

也许有人说："那不过是个很好的寓言而已。我既非鸡，也非鹰。我只是一个人，而且是一个平凡的人。因此，我从来没有期望过自己能做出什么了不起的事来。"这正是问题的关键所在——你从来没有期望过自己能够做出什么了不起的事来。这是非常严重的事实,我们把自己钉在我们自我期望的范围以内。

事实上,我们的身体内确实具有比表现出来的更多的才气,更多的能力,更有效的机能。

下面的事例就是最好的实证:

一位农夫眼看着一辆小汽车翻到儿子正在玩水的水沟里,他大为惊慌,急忙跑到出事地点。他看到儿子被压在车子下面,只有头的一部分露出水面。

农夫急忙跳进水沟,把双手伸到车下,将车子抬了起来,让另一位跑来援助的人把已失去知觉的儿子从车下拽出来。

医生很快赶来了,给男孩检查了身体,发现他没有什么事。

这个时候,农夫才想到,自己刚才去抬车子的时候根本没有想自己是不是抬得动。医生的解释是人的身体机能对紧急状况产生反应时,肾上腺就大量分泌出激素,传到整个身体,产生出额外的能量。这就是他能提出来的唯一解释。也就是我们所说的潜能。

世界上每个人都是不同的个体,而在每个人的身上也都蕴藏着一份特殊的才能,那份才能如一位熟睡的巨人,等着我们用意志去唤醒它,而这个巨人即潜能。上帝绝不会亏待任何一个人,上帝会给我们每个人无穷无尽的机会去发挥所长。只要我们能将潜能发挥得当,我们也能成为爱因斯坦,也能成为爱迪生。

潜能是人类最大而又开发得最少的宝藏!无数事实和许多专家的研究成果告诉我们:每个人身上都有巨大的潜能,只是还没有开发出来。这就需要我们的意志。

人的潜能犹如一座待发掘的金矿,蕴藏量无穷,价值无比,我们每个人都有一座待发掘金矿。

大自然赐给每个人以巨大的潜能,但由于没有进行各种潜能培训,导致每个人的潜能从没得到全面的发挥。其实,并非大多数人命运里注定不能成为爱因斯坦式的人物,任何一个平凡的人都可以成就一番惊天动地的伟业。人人都是天才，至少天才身上的东西都可以在普通人身上找到。

爱因斯坦是举世公认的20世纪科学巨匠。他死后，科学家们对他的大脑进行了研究。结果表明，他的大脑无论是体积、重量、构造或细胞组织，与同龄的其他任何人一样，没有区别。这充分说明，爱因斯坦成功的“秘诀”并不在于他的大脑与众不同，用他生前自己的话说，在于超越平常人的勤奋和努力以及为科学事业忘我牺牲的精神。

无论别人对我们评价如何，无论我们年纪有多大，无论我们面前有多大阻力，只要我们相信自己，相信自己的潜能，我们就能有所成就。

比尔19岁开始自己创业，但失败了；27岁竞选议员，铩羽而归。他没有被接二连三的挫折击倒，反而开始思索成功的法则。

他想从励志性的书籍中找寻成功的方法。他在图书馆里翻遍了所有成功励志的书籍，仍然体会不出成功的道理。他说：“我在街上闲逛时，还在翻看一本书。我走到一家肉店的橱窗前，停下来看了一会儿。在那一刻，突然灵光乍现：‘我找到了！’我十分兴奋，立刻飞奔回家。当时我正看到第四章‘自我暗示’，小标题是‘影响着意志的方法’。”

自我暗示的方法其实非常简单，连孩子都能学会。方法是：不断重复肯定自我的话。例如：我会越来越好。

比尔在瞬间体会出“利用自我暗示增强意志”的道理。回家之后，他立刻制订出明确的目标，他写道：我的目标在10年内赚到100万。并且每天自己大声念几次。

最终，比尔成功了，而且他比预订时间提早4年达到目标。比尔利用自我暗示激发了意志的力量，获得了财富，而威普却因坚强意志重获了生命。

昏暗的病房内，护士正为威普测量脉搏。他因为心脏病突发已经昏迷了6个小时,医生也无能为力。

威普全身动弹不得,却还能清楚地听到两个护士的谈话。

“有没有脉搏?”

“没有。”

同样的对话一再重复。

“我还活着,”他想,“我一定要告诉她们,无论如何一定要告诉她们。我还活着,我不会死。”

但是,要怎么告诉她们?他想到一句话:你认为自己做得到,就一定做得到!

他努力想睁开眼睛,但眼皮却不听使唤;他想抬起头、手臂、腿,却没有任何反应。他不断地尝试睁开眼睛,终于听到了这样一句话:“我看到他眨眼睛,他还活着!”

依靠顽强的意志、不断的努力,威普终于能够睁开一只眼睛,然后是两只眼睛。此时医生回来了,医生和护士凭着精湛的医术和耐心,把他从鬼门关拉了回来。

如果你希望“心想事成”,那么你必须激发意志的力量。只要你持续地重复某一种想法,坚持做下去,意志就会帮助你完成你的愿望。虽然你有潜能,可如果没有意志的驱动,那潜能充其量就是一种潜在的能力。而要把这种潜能真正激发出来,只有意志。坚持不懈的意志力,永远是你前进的动力。

8 最高目标:强力中心意志

水只有在达到摄氏100度的温度时候才能沸腾,才能变成蒸气,产生推动力,开动火车。“温热”的水是不能推动任何东西的。

许多人总是想用温热的水或将沸未沸的水,去推动他们生命的火车,而同时他们却还要诧异,自己为什么总是没有突破,不能出人头地。

一个人对待生命的温热态度,对于他的事业或工作所产生的影响,与温热的水对于火车所产生的影响是一样的。

所谓伟大而有价值的生命,它一定是一个抱持可以主宰、统治、调遣其他一切意志念头的中心意志。没有这种中心意志,人的“能力之水”是不会达到沸点的,生命的火车同样也是不能向前跃进的。

柏克斯顿曾经是一个头脑简单四肢发达的人,他的与众不同之处就在于他坚强的意志力,这种意志力在他幼年曾表现为喜欢暴力、飞扬跋扈和固执己见。他自幼丧父,所幸的是他母亲很有见识。她敦促他磨炼自己的意志,在强迫他服从的同时,对一些可以让他自己去做的事,她总是鼓励他做事要有主见。

后来,柏克斯顿幸运地跻身于英国议会。在他刚刚步入社会时,他目睹奴隶贸易和奴隶制度的种种黑暗,便下定决心把解决奴隶的问题作为自己最大的人生目标,在他进入英国议会后,他更是把在英国的本土及殖民地上彻底实现奴隶的解放作为自己的奋斗目标,并矢志不渝地努力、奋斗。废除英国本土及其殖民地上的奴隶贸易及奴隶制度,既要与传统势力斗争,又要与维护自身利益的贵族斗争,这项推动历史进程的工作,其艰难可想而知,但他最终做到了。

凡是有强力中心意志的人,一定是那种积极的、有建设与创造本领的人。我们每个人都想做一件事,希望成就一件事,但真能做事、成事的,却只有那些怀着中心意志或意志坚强的人。

你是以怎样的态度来应付“困难”的?面对困难,你会对畏惧、厌恶、犹豫吗?你是选择以“试试看”的态度去克服困难,还是抱着无畏的气概,坚毅的决心去战胜困难呢?

只要你怀着一种无所畏惧、破釜沉舟、不惜任何代价、任何牺牲都要达到目标的坚毅意志,你就会拥有巨大的力量。

有坚强的中心意志的人,他在社会上一定有其重要的地位,为他人所敬仰。他的一言一行都表现出,他是一个有主见、有作为、有生命目标的人。他朝着目标前进,有如箭射向靶心。在这样的一种意志面前,一切的阻碍都会消失。

中心的意志,远大的目标,是一个人的生命中护卫他前进的最有力武器,它能使人除去种种试探与引诱,而不至堕落到罪恶的深渊中去。

一个在心中有了一个新的中心意志,新的生命目标的人,他就是一个新生的人了,他的耳目所接触的四周就都已气象一新。昨天还在阻碍他的种种恐惧、怀疑、不快与罪恶,现在已经烟消云散了。他的生命现在是统一而不是混乱,积极而不是消极,美而不是丑的了。他一切酣睡着的能力,现在已经被唤醒而准备投入战斗了。

人的一生当中,有一件事是必须要去做的,那就是尽力去追求,并努力实现自己的理想。在这种努力中,有我们"自我表现","本领竞赛"的机会。这种努力是我们将生命发挥到最好、最高、最完满的地步的大好机会。

一个人如果在一生中没有一个中心意志,没有一个最高目标,也不想去实践那个意志,达到那个目标,那他的生命历程多少是一种失败,纵使他因为其他的缘故,也不得不在事业上作出一些努力。

要成就大事必先精神集中。而这种精神的集中,只有在你怀着一个中心意志,和崇高的生命目标时才能做到。对于那些我们不感兴趣、缺乏热诚的事情,我们是不可能集中精神的。

有些人很想在事业上有一番作为,但是由于一些细枝末节的缘故,他们往往会在一夕之间,抛弃事业。他们常常怀疑自己,现在所从事的事业与自己的性情是否适合。他们一遇挫折,就会灰心。一看到别人在其他事业上取得成功,他们就很羡慕,也想在那方面去试一试。

假如一个人对于他所从事的事业竟如此游移不定,那么我们可以断定,他一定还没有怀着一个中心意志,他的事业也许与他的天性还不尽适合。相反,一旦他的事业,既与他的中心意志相符,又与他的天性相合,使他的事业成为他生命中不可分离的一部分。到了这种境地,他又怎会不成功呢!

9 专心致志,全神贯注

做任何事情,都必须专心致志才能发挥出自己的潜能,把事情做得更好。相信大家还记得电视剧里一休那可爱的模样吧:他屈膝盘坐,双目微闭，手指在头上盘旋几圈，于是一个绝妙的计策就想出来了。

一休采用这奇怪的姿势，是为了使自己集中精神，排除干扰，达到专心致志的境界。

科学研究表明，当一个人做事专心致志，脑电波就稳定而有节律，处于良好的功能状态，思考的效率就大为提高。一休懂得这个用脑方法，难怪他这么聪明了。

那些伟大的科学家们无一不靠专心致志这一法宝取得惊人的科学成就。

法国著名昆虫学家法布尔为了了解蚂蚁的生活习惯，曾连续几小时趴在潮湿、肮脏的地面上，用放大镜观察蚂蚁的活动，当时周围有许多人围观、议论，但他竟毫不理会。

物理学家安培有一次在大街上散步时，突然想起了一道难题。他全神贯注地思考这个问题，竟然把一辆马车的车厢当成了家里的黑板，掏出粉笔就在车厢上演算起来。马车走动以后，安培仍然追着车厢演算，引得满街人哄堂大笑，他自己却浑然不知。

这些科学家们研究问题已经到了痴迷的程度。专心致志这法宝能使科学家们取得丰硕的成果。

1795 年，高斯 18 岁，来到著名的哥廷根大学攻读数学。第二年，他成功地解决了当时自希腊数学家欧几里得以来两千多年一直悬而未决的数学一大难题，轰动了整个数学界。

有人曾问高斯："你为什么在科学上能有那么多的发现？"高斯回答说："假如别人和我一样专心和持久地思考数学真理，他也会作出同样的发现。"

据说，由于高斯研究数学过于专心，曾惹了不少"笑话"。一次高斯的妻子病了，而这时高斯正埋头钻研一个数学问题，有人急匆匆地跑来告诉他，夫人的病越来越重了。高斯好像没有听到，仍继续工作。过了一会儿，又有人来告诉他，夫人的病更厉害了，高斯说："我马上就去！你先去吧！"说完，他仍旧坐在那里，思考他的数学问题。人们见他还没有来，就派了一个胆大的人去通知高斯："夫人快不行了，如果您不马上去就怕很难见到她生前的最后一面了！"而高斯却慢腾腾地说："叫她等一下。"

高斯一生专心致志、持之以恒地钻研数学，为科学事业的发展作出了卓越的贡献。

物理学上讲压强等于压力除以受力面积。受力面积越小，压强越大。厚鞋底用针尖可以穿透，是因为针尖受力面"集中"了；换成铁棒，用多大劲也难穿透，因为铁棒的受力面太大了。在做事上也是如此。只有把精力集中起来，聚于一点，克服难题的穿透力才会最强。

荀子说："蚓无爪牙之利，筋骨之强，上食埃土，下饮黄泉，用心一也。"这"用心一也"，就是指的专心致志。即使自身条件不太好，只要集中自己的意志，倾力做每一件事，也一定会有很好的收益。

一心一意，专心致志地做好每件事，你的潜能会最大化地发挥出来。当你能一心一意地做事时，你的意志更加坚韧，你的行动已更有力量，成功已在向你招手了。

有一个美国人，患上了人们所说的"健忘症"。他变得心不在焉，记不住许多重要事情。他谈起他是如何克服了这一障碍的，他说："对于这种情形我十分惊讶。我开始思索如何改变这种状态。于是我请了一个周的假，希望把这种情形好好想一想。我在一处偏远的度假别墅内认真地反省了几天，使我深信自己是患了健忘症。我缺乏'专心'工作的力量，我在办公室的肉体及心理活动变得散漫无目的。我做事漫不经心，懒懒散散，粗心大意，这完全是因为我的思想未放在工作上的缘故。我在诊断出我的毛病之后，就寻求补救之道。我需要培养出一套全新的工作习惯，我下定决心达到这个目标。

"于是，我拿出纸笔，写下我一天的工作计划。首先，处理早上的信件，然后，填写表格、口授信件、召集部属开会、处理各项工作。每天下班之前，先把办公桌收拾干净，然后离开办公室。

"我回去上班，立即把我的新工作计划付诸实施。我每天以同样的兴趣从事相同的工作，而且尽可能地在每天的同一时间内进行相同的工作。当我发现我的思想又开始跑到别处时，我立刻把它叫了回来。

“利用我的意志力所创造出的一种心理的刺激力量，使我不断地在培养习惯方面获得进步。后来，我发现，我每天虽然做同样的事情，但却感到很愉快，这时，我知道我已经成功了。”

“专心”本身并没有什么神奇，只是通过意志控制注意力而已。所有的成功者都深信，一个人只要集中注意力，就能调整自己的思想，做出正确的行动，完成自己想完成的事。

麦当劳的目标是要在全世界各地设立一连串的“连锁店”，于是他们把全部精力花在这件工作上，最后终于完成了此项目标，而这项目标也使麦当劳成为世界上最大的餐饮集团之一。

伊斯特曼致力于生产柯达相机，这使他赚取了数不清的金钱，也给全球无数人带来无比的乐趣。

海伦·凯勒专注于学习，因此，尽管她又聋、又哑，而且还瞎，但她还是实现了她的目标。

所谓“一心不能二用”就是说，一次只专心地做一件事，全身心地投入并积极地希望它成功，这样你的心里就不会感到筋疲力尽。不要让思维转移到别的事情、别的需要或别的想法上去。专心于你已经决定去做的那个事情，放弃其他的事。人的精力是有限的，把精力分散到好几件事上绝不是明智之举，而是不切实际的考虑。只有专心做好一件事，才能有所收益，才能突破人生的困境。这样做的好处是不至于因为同时想做太多的事，反而一件事都做不好，最后弄得两手空空。

对于任何东西，你都可以渴望得到，而且只要你的需求是合理的，并且十分强烈，那么“专心”这种力量将会帮助你得到它。

第七章　影响力:改变他人思想行动的才能

影响力指的是用一种为别人所乐于接受的方式,改变他人的思想和行动的能力。它表明了一种试图支配与统帅他人的倾向,从而使一个人采取劝说、说服甚至是强迫的行动来影响他人的思想、情感或行为。无论是观点的陈述,障碍的扫除,还是矛盾的化解,风险的承担,具备影响力的人都会以愿望或实际行动的方式推动其达成或实现。

1 影响力是一种独特的魅力

在我们的生活中，存在着一种无形的力量，它不同于能力，能让其他人在短期的实践中感觉到；它更不同于智力，大家可以评估出来。这便是影响力。

每个人都渴望拥有影响力，因为影响力是一种独特的魅力，时时刻刻影响着周围的人，并且给予对方一种神奇的力量。影响力还是一种让人乐于接受的控制力，它与权力不同，影响力不是强制性的，它发挥作用是一个很微妙的过程，以一种潜意识的方式来改变他人的行为、信念和态度。影响力也是一种出色的个人能力和综合素质，是一个人在群体中价值的集中体现。例如，如果你是一个推销员，想卖出更多的产品，你要能够影响你的顾客；如果你是个经理，你的成功取决于你对下属的影响力；如果你是教练，你只有靠影响力才能建立一支常胜的队伍；如果你想要建立美满的家庭，你就必须要能够正面地影响你的孩子。在这一系列的过程中，你都是在用一种为别人所乐于接受的方式来改变他人的思想和行动。

在人际交往中，人与人之间不仅仅是沟通与交流，有的时候就是意志力与意志力的一种对抗，不是你影响别人，就是别人影响你。拿破仑·希尔曾经说过：在别人的影响下生活着，就等于不属于自己，就等于被别人的意志给俘虏了，这样的人即使再优秀，也不会登上一把手的位置。没有影响力的人只会生活在他人的阴影下，那么如何才能提高影响力呢？

影响力不是说有就有的，但它是可以逐步提高的。人们一般首先接受的是自己所见所闻的影响力。对于大多数人而言，他们认为你值得信赖，拥有令人景仰的品格，那么，他们会认为你是他们生命中有影响力的人。如果他们对你的认识愈深，你的信用会愈好，并且你的影响力也提高得愈快。

一天，公司两位中层领导在一起吃午餐。

“你接到通知了吗，小黄被任命为总经理了，这真让我觉得意外！当时他和小李、小曹一起竞争，现在他被晋升了，那三人关系又怎么协调？”

“上面显然认为小黄更能够胜任。”

“虽说有一定道理,可是小李的工作业绩也是非常出色的,而小曹就更不用说了,他在我们这行是资格最老的。几年前,我曾跟小黄一起工作过,他虽然不错,但是有待学习的地方还很多。”

“我不太了解小黄这个人,但是看起来他总是表现出很有涵养的样子。在他身边工作的人,都说小黄有一种独特的力量在影响着他们。我想那就是涵养吧!”

“可是涵养又代表了什么呢?小李是公司的销售总监,由他负责的销售区的业绩是本公司最高的一区。话说回来,我不是不喜欢小黄,只是不了解他是如何在与两个实力如此强的人的竞争中胜出的。”

“是呀,上面好像就是比较喜欢他。”

如果你曾经在某些大公司做过事,这样的谈话你必然听到过或者参与过。对上级选人判断置疑的反应,就像我们办公桌上的无用文件一样多。

一般上级在晋升人选时,都会认为自己的决定绝对客观、正确。他们会说,这位在较低职位上已经被证实是个能干的人,应该给他承担更大职责的机会。然而当绩效高的管理者与影响力高的管理者在一起竞争时,前者经常会被忽视,原因就是影响力高的人除了工作绩效达到标准之外,还能给人有管理能力的鲜明印象。他们对上级施加了影响力,因此就有晋升更高职位的机会。而事实上,他们在晋升之后,确实也能创造更高的绩效,这也证明了上级当初的判断是正确的。

影响力是影响别人行动的能力,涉及范围包括一个公司、一个行业、一个国家的经济甚至全球的经济。由此可见,提高影响力更是提高自己的实力。影响力指的是用一种为别人所乐于接受的方式,改变他人的思想和行动的能力。影响力又被解释为战略影响、印象管理、善于表现的能力、目标的说服力以及合作的影响力等。影响力表明了一种试图支配与统帅他人的倾向,从而使一个人才去采取各种劝说、说服甚至是强迫的行动来影响他人的思想、情感或行为。无论是观点的陈述,障碍的扫除,还是矛盾的化解，风险的承担，具备影响力的人都会以愿望或实际行动的方式推动其达成或实现。

企业家运用影响力赢得市场；明星们运用影响力打动观众；推销员运用影响力成功推销……影响力是一种独特的魅力，时时刻刻影响着周围的人，并且给予对方一种神奇的力量，甚至可以影响其一生。拥有影响力的人，往往也是社会中最具成功素质的人士。

2 影响力是凝聚众人的能力

人与人的交往，常常是影响力之间的较量，只有具有卓越影响力的人才能成为真正的强者，才有可能成功。因此，如何塑造个人影响力、如何通过个人影响力来创建一个超级团队，是现今企业管理者们必须修炼的课程之一。在我们的工作中，难免会有好的建议、创意被压制的情况，可以说这种现象已经成为了很多失败团队的共同特征。出现这种情况，一方面是建议者没有足够的影响力和自信，另一方面则是策略决策者的固执。但是，如果建议者能够坚持自己良好的意见，也许会有不一样的结果出现。一个人要想充分提高自己的影响力，就必须在自身素质上下功夫，通过自己的优秀品质、表率作用对团队的其他人起潜移默化的影响，达到赢在影响力的高度。

高调辞职，高调创业，高调为师、高调出书……曾经的职业经理人李开复在短时间内以令人眼花缭乱的组合拳，让人们领教了什么叫影响力，什么叫有备而来。

李开复在 2009 年 9 月 4 日对外宣布辞职，而在 9 月 7 日便对外宣布了他的新去向，推出了一个名为创新工场的网站，并通过这个平台“培育创新人才和新一代高科技企业”。登陆这个网站，不难看出，这样的一个网站，应该不会是利用辞职后的周末两天建成的，而其背后所汇聚的强大的资源和人脉，也应该不是这两天所能谈妥的。紧接着，9 月 18 日，李开复数十万字的自传《世界因你不同》隆重出版，据出版方表示，发行量将刷新纪录。

李开复的辞职受到了广泛的关注,李开复也并不排斥这样的关注,因为,这是扩大影响力的最好的方法。

成功人士靠什么改变着今天和明天?靠影响力。而影响力来自何处?从经验中发现,决定一位成功人士是否优秀的因素,并非分析能力等其他能力,而是卓越的且被普遍认同的影响力。不少具有良好素养的成功人士,他们自信而上进,谈吐和分析都具有逻辑性,对于目标都具有一定的把握,能倾听别人的意见并能回应……按照我们的说法,他们都是具有卓越影响力的人。更重要的是,他们也在影响着周围的团队,影响着世界。

权力是影响、支配、控制他人的能力。权力的取得只有两种形式,要么授予,要么攫取。授予的权力是合法的权力,攫取的权力是非法的权力。权力是强制性的。这种强制性就表现在权力可以让别人做本来不会去做的事情,或者,让别人做本来不愿意去做的事情。权力的强制性很容易给拥有它的人带来一种错觉,好像上司就是命令,下属就是在随时待命,等待接受命令,非常情愿而有效率地执行上司的各种指令。实际上,下属都是具有理性的判断力的人,不是想开就开、想停就停的机器。任何人在做自己不完全情愿的事情的时候,都会有反抗和违背的基本企图。

权力是潜在的,也就是并不一定要行使权力才表明你有权力。权力之所以有用,并不是因为你能够用它,而是因为你不能经常用它。如果天天使用权力,权力也就没有了威力。一般来说,动用权力,是让下属服从上司意志的最后一种手段。

在公司里,权力总是和职位联系在一起的。上司的职权,就是他做决定的权力,并且这些决定将指导下属的行为和活动。

职权的行使具有一定的范围,你不可能对组织以外的人发布指令,因为他不在你的组织中;也不能对公司中其他部门的人指手画脚,因为他不在你的职权范围内;你也不能干涉下属的私生活,因为职权仅仅局限在工作中。同时,任何与履行职责无关的职权行使,都是错误的。

组织赋予的权力是有用的工具,在某种情况下可以帮助上司引导下属的工作绩效和活动。但是对于权力的作用,我们应该有清醒的认识:首先,权力不能用来激励。权力可以帮助上司迫使下属做事,但却不能激励下属做事。它并不能激励下属的工作热情和积极性。有的上司认为"如果我有给下属加薪、晋升的权力，我就能够激励下属”，走入这样的误区的原因在于，有权给予下属奖赏和激励并不是一回事。因为权力本身无法带来激励，激励的源头是满足下属的需要和动机欲望。其次，权力不能使人自觉。权力的特点，在于迫使别人服从。因此，当上司运用权力时，下属是被动的、不自觉的。因此，上司尽管拥有了组织赋予的权力，对下属员工有常规支配权，但我们无法也不能忽略惯例工作的另外一个特点——即作为一个群体，下属对上司也有一定的影响。对于上司来说，应当学会恰当地运用权力，构建自己的影响力，这是实现有效管理和领导必不可少的。

3 提升自己的影响力

如果说传统意义的领导主要依靠权力，那么现代观点的领导则更多是靠其内在的影响力。一个成功的领导者不是指身居何等高位，而是指拥有一大批追随者和拥护者，并且使组织群体取得了良好绩效。领导者的影响力日渐成为衡量成功领导的重要标志。

刘洪到一家多年亏损、人心涣散的机械制造公司担任总经理。赴任之后，他待人热情，早上早早地站在工厂的门口迎候大家，如果有的员工迟到，他并不是批评和指责，而是询问原因，主动帮助员工解决实际困难。一周下来，大家看到总经理每天都是提前到公司，而且又待人热情，原来习惯迟到的员工也不迟到了。刘洪凭借自己多年来管理企业的经验和娴熟的机械加工技术，与该公司技术人员研制出新一代产品，迅速打进市场，初步扭转了公司的被动局面。

是什么因素使刘洪产生了如此大的影响力？他之所以取得了一定的成绩，正是由于领导者影响力的因素，既有权利因素，又有非权利因素。即刘洪是公司的总经理，而且又是一位有丰富工作经验的领导者，这是权利因素；另外，他早上早早站在厂门口来迎候每一位工人上班，即使有员工迟到，他也不是像有的领导那样训斥员工、批评和指责员工，而是耐心询问原因，并主动帮助员工解决实际困难，就这样以自身的魅力来影响每一位员工。他与公司技术人员研制出新产品，并取得了一定的成效，这正是和他有丰富的管理经验以及有渊博的知识是分不开的，这便是非权利因素。因此，"影响力"是领导者的核心能力，提升领导者的影响力对加强领导者的能力建设具有核心作用。

事实上，现代组织中领导者承担着越来越多的角色。

外交家：平衡外界环境，协调与其他组织的关系，争取获得最佳支持和最大资源；

传教士：宣传组织文化、理念和目标，解释组织的目的，做什么和为什么要做；

调解人：统一不同意见，化解组织冲突；

观察家：了解环境变化和趋势，洞察组织文化、结构、运作、成员的细微变化，形成理念，加以引导；

教师：训练群体成员遵照组织目标、规则，并不断提高群体成员能力、素质，以适应组织发展需求，等等。这些角色无不需要领导者与其他群体成员产生互动，而互动的结果并非取决于职权等级关系，领导者的影响力才是其中的关键。

影响力包含主观和客观两个层面。就主观而言，领导者是否愿意更大范围地影响他人，是否希望更多的人追随自己行动。反映在行为上，热情地推销自己的主张，极力说服他人，喜欢拥有追随者和支持者；作为内驱力，是建立在自信心基础上的对领导责任、权力和成就的追求，并且主动提高领导水平和领导艺术，提高组织效率，达到更高的领导效果，从而获得更广泛的领导力。

从客观方面来说，领导者的影响力包含许多因素，这些因素都在一定程度上影响和制约着人们的影响力。

行业背景或从业经验。拥有良好的行业背景和优秀的从业经验会对影响力产生正面影响。广泛的行业知识便于领导者准确把握本行业的市场、竞争、产品、技术状况，对于领导目标决策及其各方面管理的信服力有着重要的作用；同时，行业经验还可使领导人拥有良好的组织内和行业内的人际关系和声望，从而提升影响力。但是，近年来，随着职业经理人的出现，行业背景的要求在领导人选拔和打分中的位置有所下降。人们越来越关注那些“能去任何地方，管理任何事”的管理者和领导人。同时，现代社会发展，市场日趋成熟，国际化竞争普遍化，各种行业类型都离不开市场、技术、人才的竞争；虽然各个组织仍会有不同的经营模式、管理架构和组织理念，但科学化管理成为必然，一大批受过良好训练，虽然不具备同行工作经历，但具有优秀领导组织经验的领导人逐渐被组织重视。带领美国第一银行取得辉煌业绩的总裁就曾否认自己有任何关于怎样管理多个银行的知识，他把自己的角色看成是：观察员工们的业绩，聆听同事们的要求，确保需要帮助的员工能与组织中能帮助他的同事取得联系。

个人价值观。正直、公正、信念、恒心、毅力、进取精神等等优秀的人格品质无疑会飙升领导者的影响力和个人魅力，从而扩大其追随者队伍。“物以类聚”，领导者的个人价值观会吸引具有同类价值取向的人凝聚于组织，增加对组织的认同感和归属感；同时，领导者的人格和价值观还会潜移默化地影响组织成员，成为组织默认的行为标准。具备优秀价值观和人格的领导者使组织成员对其产生敬佩、认同和服从等心态，其影响力无疑会提高。

良好的沟通能力是影响力的桥梁和细节，在准确传达领导者意见、要求、决策的同时，也广泛传播了领导者的影响力。沟通使领导者能够更加准确地了解信息，预防盲目；沟通还使领导行为具有良好的合作氛围和渠道，促进领导决策的实施。二者在增加领导有效性的同时，也提升了领导者的影响力。

恰当沟通本身就是影响力的一个很好体现。领导者在与组织成员平等交流、协商，显示合作意愿，共同开创前景的同时，增强了组织成员的参与感和认同感，从而进一步地增加领导的持续影响力。

在过去金字塔式的组织结构中，管理者以职位与掌握特殊资讯的权力，命令下属照章办事。但现在的组织呈扁平化、团队化，资讯科技发达，主管过去的权力基础尽失，因而愈来愈需要影响力，才能带动大家朝共同的目标努力。

而且，现在员工的教育程度愈来愈高，对工作的期待是参与、被咨询，这样的员工可以被影响，但不容易被指挥。如何施展影响力？如何培养自己的影响力？

表里一致的可信度。可信度是影响力的核心基础。一个不被信任的人,不论用承诺或是威胁的技巧,都很难产生影响力。

要建立可信度,首先要了解自己,了解自己的信念与价值观。能清楚表达并实践自己信念的人,才能让别人信任。其次,要了解试图影响的对象,深入了解其价值观、信念与需要,并敞开大门让大家参与,在参与过程中,团队成员或是同事就会接受你的目标并转化为他们自己的目标,建立大家共同的价值观。

打动人心的说服力。“计划负责人”、“团队领导人”等名词,都是针对工作、任务而言的头衔,要动员人力完成工作,不能依靠头衔,而要靠说服力。最常用的说服方法就是讲出具有重要性的理由,或以事情的价值、个人的需要做说服。

你赢我也赢的谈判技巧。要让意见不同者与你共同完成任务,须经过谈判,达成彼此都能接受的协议。谈判不是要击败对方,而是解决双方共同的问题。将问题与人分开,注重利益而非立场,创造对双方有利的选择,这些都是重要的谈判技巧。

情非得已时,坚定地下达命令。虽然命令不是发挥影响力的好方法,但在没有时间共同讨论的紧急状况,或需要个人在不大自愿的情况下完成对组织很重要的工作时,你还是得使用命令完成任务。

培养影响力的过程,就像学习开车一样,刚开始时也许需要时时提醒自己、反复演练,逐渐熟悉之后,这些技巧就会化为反射动作,一举一动自有无限的影响力。

4 在平凡中打造自己的影响力

一个有影响力的人,在任何时候都能根据自身的特点做出明智的选择,根据自己的喜好、能力和现实做出实际的决定。他们随时能在平凡中找到自己的快乐,并有勇气去追寻它。

我们要铭记“平凡的即是伟大的”这样的格言。因为一切伟大的事物都是在我们所谓“平凡”的积累过程中诞生的。每个人在生活中都会有一个明确的目标，都想自己要过出人头地的日子，这些都可以说是一种相当积极的心态，可是这些都是对平凡生活的肯定。唯有对平凡生活的肯定，才能让人更加发愤向上。相反，如果你对平凡生活的状况一直抱着不满的态度，那么出人头地的想法会给你带来负面的影响。

就算你现在是个有钱人，已经拥有影响力和百万家产，可是你还想着千万家产；拥有千万家产后，还想着要是位居高官该多好啊！那么，什么时候是个终结，你也不知道。所以，我们说安于本分、安于拥有，这便是知足常乐、乐天知命了。

无论一个人被认为是如何的平凡、渺小，在一个家庭中，一个能把一家大小的生活都照顾好的母亲，就有足够的理由值得我们去尊敬、爱戴，并要像她那样做。

不仅我们需要这样想，那些默默耕耘的人更需要有这样的自信。那些不懂影响力的人，通常是那种不懂得从平凡中找出有影响力的人。这种人就只能麻木一生而无法真正明白什么是人生中的快乐。

古往今来，对历史做出过贡献和业绩的人没有被历史忘记，都被载入史册并且名垂千古。可是，有些人的道德品质却同他们的影响力很不相称，有的甚至不堪言状，其中被誉为"英国唯物主义和整个现代实验科学真正始祖"的弗兰西斯·培根便是个敛财受贿、卖友求荣的人，这样的人不能算是高尚的人，因为他虽然成就了有影响力的事业，但他不具备成大事的高尚心态。

我们在公司中能经常发现这样一种人，他们表面上给人的感觉是踏实朴素，怎么看也没有什么过人的能力，可是事情一到他们的手中就做得快速简单、有条不紊，并且他们还在步步高升。

这时有人就会想："为什么像那样的人也可以当上经理呢?"

"也许是因为他善于拍马逢迎吧!"

"说不定还有其他不为人知的原因呢?"这样的想法是绝对错误的。

那种人能有今天的地位并不是你所想象中的那样，运用了像你想象的那种不为人知的方法。他们是通过在公司的辛勤劳动，善于处理公司中的琐事而得到了今天的位置。与此相反，那些有着影响力、叱咤风云于一时的人，往往会在最后被人们遗忘。因为他们虽然相当的抢眼，可是对公司而言，他们的贡献却不如那些善于处理琐事的人。

因为平凡是一种十分积极而有意义的心态，它是能使你人生快乐起来的因素。因为只要你把自己对人生的苛求抛开，把自己对自己的不公甩掉，你就不会再有挑肥拣瘦的想法，而是去愉快地接受现实中的繁杂琐事。

只要你是个有心人，你就不难发现一个道理，面对工作中或生活中的琐事，如果你自我感觉良好，觉得自己有能力做好那些琐事，那么你就可以和那些有影响力的人一样，受到很高的评价和欣赏。

人生中也许你现在默默地付出，还不能一下子看到丰收的季节，硕果累累的景象，然而你的付出终有一天会有回报。有影响力的人都是通过积累平凡中的事情，从中得到回报的。

所以，要想成为有影响力的人就得过平凡这一关。因为，平凡就像家门一样，开的时候是"平"，关的时候是"凡"，一开一关就是"平凡"了。

有一位叫玛雅的人，她随丈夫去从军。没想到部队驻扎的地方在沙漠地带，住的是铁皮房子，她与周围的印第安人、墨西哥人语言不通，当地气温很高，在仙人掌的阴影下都是酷热难耐。更糟糕的是，后来她丈夫奉命远征，只留下她孤身一人。因此她整天愁眉不展，度日如年。没办法，她只好写信给父母诉苦。

好不容易盼来了父母的回信，急忙打开一看，玛雅大失所望。父母既没有安慰她，也没说叫她赶快回去，上面只有三行字："两个人从监狱的铁窗往外看，一个看到的是地上的泥土，另一个看到的却是天上的星星。"玛雅反复看，反复琢磨，终于明白了父母的苦心，原来父母是希望她不要总是消极地看问题。

于是，她开始主动和那些印第安人、墨西哥人交朋友，结果使她十分惊喜，因为她发现他们都十分好客、热情；她又开始研究沙漠里的仙人掌，并做了详细的观察笔记，这时她惊奇地发现那些仙人掌千姿百态，使人沉醉着迷；她欣赏沙漠的落日，感受沙漠里的海市蜃楼。经过这样的改变，玛雅发现周围的一切都变了，变得使她每天都仿佛沐浴在春风里。

这是为什么？沙漠还是原来的沙漠，铁皮房还是那个铁皮房，印第安人、墨西哥人也都没有改变，因为她的内心发生了改变。过去她习惯选择消极的一面，而现在她习惯选择积极的一面去看问题。后来，她还根据自己的亲身经历写了一本书叫《快乐的城堡》，产生了很大的影响力。

积极的心态、积极选择对每个人来说都非常重要，因为任何事情都有两面——积极的和消极的。每个人也都有优点和缺点，这也是两面。既然有两面，就需要我们去选择。我们看见邻居，是微笑招呼还是形同陌路？清晨是立刻起床还是睡懒觉？无数有影响力的人的事例告诉我们：积极的选择可以帮助人树立自信，克服自卑，还可以帮助人克服忧虑和烦恼，调整心态。

5 宽容大度，魅力十足

古人告诫我们："严于律己，宽以待人。"我们每一个人对于自身的小过失，理当严加戒律，这是关于修身的问题，不可轻忽。但是对于别人的小过失，我们应抱一种宽宏的心态予以宽容，而不可加以谴责，而伤了别人的自尊，影响了彼此的和气。每个人都有自己的隐私，自己的生活不希望为别人干扰、破坏。因此，对于他人的秘密或难言之隐，我们应当视同自己的秘密一样严守，千万不可当众揭露或四处张扬，所谓"君子扬善不扬恶"就是这个道理。假使将别人的隐私揭露并宣扬出去，则将使人无地自容，也造成了彼此间的怨隙。这是相当不值得的，而且也损及私德。至于别人与你有过怨隙、过节，更当予以宽恕，不可时时谨记，勤思报复之道。古人道："冤冤相报何时了。"所以，我们应当有结束纷争的修养，而不该将它扩大。

现实生活中，如果我们经常注意到别人头上的苍蝇而挥赶时，却往往会忽略苍蝇也会飞到自己的头上来的事实。因此，与其注意别人头上的苍蝇，倒不如注意飞到自己头上的苍蝇。这也就是说，与其一心想干涉别人的闲事，倒不如专注于自己分内的事。干涉别人，会引起怨言，关注自身，则可以提高自己。

事实上，对于我们而言，停驻在别人头上的苍蝇往往显而易见而想去挥赶它，而停在自己头上的就不以为然了，自己头上的苍蝇由于不易见到，所以不易引起自己的注意，不像注意别人头上的苍蝇一样容易。

过分注意别人头上的苍蝇是不必要的，但如果矫枉过正，除了自己的事外，一概装聋作哑，也不是值得称颂的事。所以，最好的方法是不要只顾干涉别人的事情，却叫自己的事情由别人来干涉。

当你受到无辜伤害或被人欺负时，你是以牙还牙，还是宽恕他人？宽容大度是一种胸怀，为一点小事斤斤计较，争吵不休，既伤害了感情，也无益于成大事，甚至最后伤害的还是自己。

一位画家在集市上卖画，不远处，前呼后拥走来一位富商的孩子，这位富商在年轻时曾经把画家的父亲欺诈得心碎而死。这孩子在画家的作品前流连忘返，并且选中了一幅。画家却匆匆地用一块布把它遮盖住，并声称这幅画不卖。

从此以后，这孩子因为心病而变得憔悴，最后，他父亲出面了，表示愿意付出一笔高价。可是，画家宁愿把这幅画挂在自己画室的墙上，也不愿意出售。他阴沉着脸坐在画前，自言自语地说："这就是我的报复。"

每天早晨，画家都要画一幅他信奉的神像，这是他表示信仰的唯一方式。

可是现在，他觉得这些神像与他以前画的神像日渐相异。

这使他苦恼不已，他不停地找原因。然而有一天，他惊恐地丢下手中的画，跳了起来：他刚画好的神像的眼睛竟然是那富商的眼睛，而嘴唇也是那么的酷似。

他把画撕碎，并且高喊："我的报复已经回报到我的头上来了！"

这个故事告诉我们，一个人若心存报复，自己所受的伤害会比对方更大。报复会把一个好端端的人驱向疯狂的边缘，报复还能把无罪推向有罪。

有一位女演员失恋后，怨恨和报复心使她的面孔变得僵硬而多皱,她去找一位最有名的化妆师为她美容。这位化妆师深知她的心理状态,中肯地告诉她:“你如果不消除心中的怨和恨,我敢说全世界任何美容师也无法美化你的容貌。”

当你无辜受伤害或被人欺负时,大部分人都是为了一时之快而选择憎恨。殊不知,憎恨本身对怀恨者的伤害比被仇恨者还要多。憎恨就是一把双刃剑,伤了别人的同时,也深深地伤了自己。

在法庭上,一位妻子申诉:在丈夫军旅人生涯的十年中,我独自带孩子,侍奉老人,样样为他做得周到、圆满。他归家探亲期间,我什么也不用他做,特意向工作单位请了假,在家陪他,看着他的笑容,端详着他的身姿,给他按摩腰肌劳损的患处,做他喜欢吃的东西。他归队时,我把家里的全部积蓄给他带上,生怕他出门在外受罪,然而我就一句话没合他的口味,他就扇了我一个耳光……他没有人性,我要和他离婚!

她的丈夫说:远在边防,我常常想家,尤其想她。她对我的好,一幕幕如电影。只有想她时,我才能在零下40℃不觉冷,在200里没人烟的边防站不觉得孤独。她在我心目中是最完美的女人,她没有一点缺陷,怎么想,怎么好。可没想到,我回家探亲期间,已经转业的战友从郊区专程来看我,只是在我家喝酒时间长了点儿,她就当着我的面,摔盆砸碗,满脸不高兴。我小声提示她,她反而大声批评战友没文化。最后大家不欢而散。没想到,她这么庸俗,没教养,不宽容别人,和她过下去还有什么意思?

这对夫妻的问题就出在他们没有给爱一个容器,而这个容器就是宽容。

丈夫的错误就在于没有体会妻子的感受。仅有的几天相聚,对深爱自己的妻子来说,是十分珍贵的。在妻子看来,她已经尽到妻子的责任了,热情款待了他的战友,只是他这些战友也实在不知趣,把应该属于妻子的时间夺走,她只好下逐客令了。却没想到,就此惹恼了丈夫。

妻子的错误在于没有体会丈夫的感受。男人的特点是要女人接受他的一切,千万不要当着他的朋友的面反对他,那样他会觉得在朋友面前很没面子。

倘若夫妻双方都能做到在发生事情时相互宽容忍让,多从对方的角度考虑问题,多沟通,相互关照,那么事情就会好办得多。

人与人之间贵在和谐。如果只注意谴责别人的小过失,揭露别人的隐私,念念不忘别人的旧恶,将使我们的心胸受到挟制,视野狭小,更容易造成自己与别人相处时的潜藏危机,为自己树立更多的敌人。相反,一个能宽恕待人之人,心胸开阔,宽恕仁爱,那么他自身的修养也就会不断臻于完美,与他人之间将是一团和气,没有敌人,灾害必然也不会降到他身上了。

6 爱是征服一切的力量源泉

一个性格平和的人,他终究是一个心地善良、善于宽容体谅他人的人,终究是一个具有强大克制力和耐心的人。性格平和的人也总是幸福的,使自己幸福也使别人幸福。平和的性格容易和人相处,他总是令别人愉悦,更不会遭人嫉妒。性格平和的人眼里总会闪着愉快的光芒,显得欢快、豁达、朝气蓬勃而且富有生机。

每个人都有七情六欲,性格无论怎样的平和,也总会有痛苦和心情烦躁的时候,否则就是麻木不仁或精神错乱。然而,性格平和的人总是愉快地接受这种痛苦,没有抱怨,没有忧伤,不会为此去浪费自己的精力,更不会消极悲观,从此一蹶不振。他们会捡起生命道路上的落花,奋勇向前。

平和的性格虽然主要是天生的,但如同生活习惯一样,它也可以通过后天的训练和培养来获得或得到加强。生活中有人在充分地享受生活,但也有不少人根本就无法懂得生活的乐趣,这主要看人们从生活中提炼出来的精华本质是快乐还是痛苦。任何人的生活都是两面的,问题主要取决于自己的心态。自己可以依靠自己的意志力量做出积极地选择,养成积极乐观、快乐的性格，这样心情就比较平和，而不是相反，揪住生活阴暗的一面不放。

大凡性格平和的人，往往能拿得起放得下。如果性格急躁，患得患失，斤斤计较，怎能达到心境的平和呢？性格平和的人感到光明快乐和美丽的生活就在自己的身边。他们眼睛里流出来的光彩使整个世界都流光溢彩。在这种心境下，荆棘会变成鲜花，寒冷会变成温暖，痛苦会变成快乐……相反，那些性格暴戾的人，总是忧郁悲观，动不动就火冒三丈、暴跳如雷，永远发现不了生活中的阳光。春天盛开的鲜花在他们眼里黯然失色，天空美丽的彩霞在他们眼里是乌云密布。世界上只有寒冷、僵硬，有着无穷无尽的烦恼和忧愁，生命是多么的脆弱，灵魂又是多么的空虚。

德国大诗人歌德看到社会上一些年轻人老气横秋，一本正经的像个小老头，感慨不已："唉，世界上又多了一些年轻的老头了！"的确，人生就要平和豪爽。豁达就是快乐，宽宏大量、与人为善就是幸福。童心常驻、精神快慰就是难得的享受。这些快乐幸福和精神享受绝不是那些一本正经、过分拘谨的年轻小老头所能够享受的到的。过于一本正经的人缺乏精神活力，缺乏创造性，这种年轻人徒有青春的外表，他们那颗心已经老了，没有活力了。歌德叹道："真苦了这些年轻人，能装出这种古板的样子来，这是多么荒唐和愚蠢的行为举止啊！"歌德希望看到的是那些精神焕发、本性自然、朝气蓬勃的年轻人。

爱、希望和耐心是幸福之源。爱换来爱，爱让希望插上翅膀，使内心永远充满活力。爱即仁慈、宽厚；爱即坦率、真诚。一切美好的东西都源于爱。爱是光明的使者，是幸福的引路人，爱是"照耀在广阔草原上的一轮红日，是百花丛中绚丽的阳光"。无数欢快的念头都是从爱的呼唤中翩翩而来。暖意融融的欢快幸福之中总跳跃爱的精灵。爱是无价的，但她并不花费一分钱。爱为自己的拥有者祈求赐福，一个心目中拥有爱的人，幸福总会伴随他，爱与幸福是不可分的，因为爱，痛苦会化作幸福，伤心的泪水也会化作甘泉。有爱才会有平和。

7　用微笑影响他人

微笑是一种富有感染力的表情,它证明你内心不带虚伪自然的喜悦,你的快乐情绪马上会影响你周围的人,给他人留下一个良好的第一印象。如果我们希望别人喜欢我们,必须时刻牢记保持微笑,因为没有人愿意见到一个脸上布满阴云的人。

日本最出名的推销员原一平身高才 1.50 米,毫无气质与优势可言。在最初做推销员的 7 个月里,他连一分钱的保险也没拉到,当然也就拿不到分文的薪水。为了省钱,他只好上班不坐电车,中午不吃饭,晚上睡在公园的长凳上。但他依旧精神抖擞,每天清晨 5 点起床从“家”徒步上班。一路上,他不断笑着和擦肩而过的行人打招呼。

有一位富翁经常看到他这副快乐的样子,很受感染,便邀请他共进早餐。尽管他饿得要死,但还是委婉地拒绝了。当得知他是保险公司的推销员时,富翁便说:“既然你不赏脸和我吃顿饭,我就投你的保好啦!”他终于签下了生命中的第一张保单。更令他惊喜的是,那位富翁是一家大酒店的老板,帮他介绍了不少业务。从此,原一平的命运彻底改变了。由于原一平的笑总能感染顾客,所以他成了日本历史上最为出色的保险推销员;而他的笑,亦被评为“价值百万美元的笑”。原一平的笑容是如此的神奇,在给顾客带来欢乐与温暖的同时,也给自己带来了巨大的财富和一世的英名。

事实上,何止是原一平,在这个世界上,每一个发自内心的笑,往往都具有神奇的力量。

笑是一种含意深远的身体语言,可以鼓励对方的信心,可以融化人们之间的陌生和隔阂,可以使别人在见到你的第一分钟起,就自然而然地产生一种亲切、信任的感觉。

人生在世,很多时候我们不得不面对冷漠的面孔,阴郁的眼神甚至恶意的中伤，阴险的陷阱……但无论我们周围的世界怎样的令人痛苦不堪，无论我们心灵的天空如何阴霾密布，我们都应当笑对人生。平凡的生活中，一抹微笑就是一道阳光，它不仅能够照亮自我阴暗的心空，还能温暖周围潮湿的心灵！

对人，我们应该多一些真诚和善。伪装太累了，因为你的冷面、他的冷面，所有人的冷面，制约着心灵的沟通和交流。而你的笑脸、他的笑脸，所有人的笑脸，就会消除我们内心的疲惫和紧张，使我们变得轻松而愉快。生活里，不管是和相识的还是与不相识的人在一起，不管是去找人办一件事情，还是想结识一位新伙伴，一次亲切地握手和热情的笑，都会像一缕阳光，给人以温暖，使人感到轻松愉快；而冷漠的、古板的态度，只会让人感到难堪，产生被人拒之于门外的隔膜心理。笑不只是脸上有动作、有表情，笑是代表心里的快乐。家庭中充满了笑声，就代表一家的幸福、快乐、融洽。一个人若能时时以笑来面对别人的冷酷，在人生的战场上必然获得许多的胜利。

笑是人类面孔上最动人的一种表情，是社会生活中美好而无声的语言，它来源于心地的善良、宽容和无私，表现的是一种坦荡和大度。

美国科学家、发明家爱迪生，童年生活非常困苦，常在火车上兜售糖果、点心和报纸。有一次，在火车上卖报时，一个心毒如蛇而且力大如牛的火车管理员粗暴地打坏了爱迪生的耳朵，从此，爱迪生成了聋子。多年以后，爱迪生常常笑着说："我真得感谢那位先生，在这个嘈杂的世界上，是他使我清静下来，不必堵着耳朵去搞实验了。"

当你被愤怒控制，处于激动之中，会做出许多傻事。遇到这种情况，要神智清醒。即使是装的也要笑。

医学专家告诉人们："笑是你生命健康的维生素。"笑的时候人体各部肌肉都处于活动状态，而停止笑时，这些肌肉又都处于松弛状态。如果我们能经常保持微笑，脸上的笑肌会使人看上去年轻、开朗、友善、亲近。

让自己具有微笑的好习惯，你会令别人心情愉快、令自己充满自信和魅力。其实在你送给别人微笑的同时，别人也会回报微笑给你，一个笑可能随时帮你展开一段终生的情谊，会成为你事业的推进力。

第八章　自信力:生活和事业长青的基石

自信是人立足社会的精神支柱,是人生不断求索和创造发展的动力。失败者往往不是被打败,而是自己放弃了成功的希望。没有办不成的事,只有甘于失败的人,自信是成功者和失败者的分水岭。自信是成功的第一秘诀,是人格的核心力量。自信能使人产生奋斗的力量和拼搏的毅力,能给人取之不尽、用之不竭的才干,使不可能成为可能,使可能成为现实。自信力作为一种强大的内在精神力量,是对自我能力和价值的充分肯定,其对个人成长、事业成就、人际交往、爱情婚姻等都有着基础性的支撑作用,是影响人生成败的首要因素。

1 人生的关键在于自信

自信才能自强，才能自立。因为在这个世界上，你真正可以依靠的只有你自己。父母不可能照顾你一生，亲戚朋友也帮不了你一世，你的爱人也不可能时时刻刻都在你身边，你的孩子终有一天会“飞”出去，而真正可以伴你一生，时时刻刻陪伴你的只有信心。

在这个世界上，有许多事情是我们无法预料的。我们无法控制机会，却可以掌握自己；我们无法预知未来，却可以把握现在；我们不知道自己的生命有多长，却可以好好活在现在；我们左右不了天气的变化，却可以调整自己的心情。只要活着，就有希望，只要每天给自己一个希望，我们的人生就会阳光灿烂。

有一位医术高明的医生，事业蒸蒸日上，生活幸福美满，但不幸的是，有一天，他被诊断出患有癌症。这对他不啻天大的打击。他曾一度情绪低落。然而最终他还是接受了这个事实，而且他的心态也为之改变，变得更宽容，更谦和，更懂得珍惜所拥有的一切。在勤奋工作之余，他从没有放弃与病魔搏斗。就这样，他平安度过了好几个春夏秋冬。有人对此感到非常惊讶，就问他，是什么力量在支撑着他。这位医生满脸微笑地答道：“是希望，每天早晨，我都给自己一个希望，希望我能多救治一个病人，希望我的笑容能温暖每个人。”

每天给自己一个希望，就是给自己一个目标，给自己一点信心。希望是什么？是引爆生命潜能的导火索，是激发生命热情的催化剂。每天给自己一个希望，我们将活得生机勃勃，充满激情，哪还有时间去叹息、去悲哀，将生命浪费在一些无聊的琐事上。生命是有限的，但希望却是无限的，只要我们不忘每天给自己一个希望，我们就一定能够拥有一个丰富多彩的人生。

人生是为了成功，绝不是为了失败，法国哲学家卢梭如是说。相信自己是成功的第一秘诀,美国哲学家拉尔夫·爱默生宣称。

但是却有太多的人不敢相信自己,太多的人甚至怀疑自己,不敢相信自己的能力,从而影响了自己的事业。

这些人认为自己缺乏相应的能力而无法跻身成功者之列。这种不快乐的人,这些不幸的"未具备必要本领"的人可以说到处都是,他们扼杀自己,陷自己于失败之中。

要学会相信自己,相信自己的能力,你才能成就事业。一对夫妇在澳大利亚拥有许多分布全国的连锁商店。他们的房子非常漂亮而且很独特,位于悉尼,俯瞰着全市和港湾的景色。从公路到他们家要搭乘一种小型私人缆车,而缆车在各种奇花异草中缓缓下降。

这对夫妇的家里布置得极为漂亮,宽大的落地窗,打开来,里面是一处平台,下去就到了海港,那里停泊着他们的私人小型游艇。男女主人有着令人宾至如归的谦和。他们说之所以能拥有现在的境况,可以说只是因为遵循了一个简单的成功原则。

男主人说:"如果这个原则可以为我创造奇迹,当然也一定能为那些真正相信和照着这个原则去做的人创造出奇迹。

"我是非常平凡的一个人,并不比一般人聪明。我父亲送我进一流的学校,而我的成绩却很糟糕。最终我辍学回家,没能接受完整的教育。然后换了一个又一个工作,我都保持了我的纪录——每一份工作都做不好。因为我是真正的平庸,我对自己没有信心。

"是一位充满活力的领导的讲话改变了我的人生。他使我明白了通往成功的基本因素是积极的心态。他的一句最有哲理的话是:你认为你行,你就行。这句话深深烙进了我的心里,像一颗炸弹爆炸开来。他的讲话使我相信自己也可以成功。

"我开始为自己制订出未来的发展目标,并逐步去实现。直到今天,我的商店遍布全国。"

只要你相信你自己,只要你有信心你就一定行。

世界著名的游泳运动员弗洛伦丝·查德威克的人生有许多

意料不到的经历，她曾经从卡德林那岛游向加利福尼亚海滩，也曾经横渡过英吉利海峡，她还想再创造一项更伟大的纪录。

那天，当她游近加利福尼亚海岸时，她已精疲力竭，嘴唇也冻得发紫，全身一阵阵地打寒战。她已经在海水中泡了十多个小时。远处，雾霭茫茫，她难以辨认伴随着她的小艇，也看不见海岸。

查德威克感到非常痛苦，实在坚持不下去了，她向小艇上的朋友请求："把我拖上来吧。"艇上的人劝她坚持下去，因为前面马上就到海岸了，他们说"只有一英里远了"。浓雾使她看不到海岸，她以为别人在骗她。"把我拖上来。"她再三请求着。于是，朋友们只好将她拉上小艇。

后来，记者采访她，她说："如果当时我能看到陆地，我就一定能坚持游到终点。大雾阻止了我去夺取最后的胜利。"

事实上，妨碍她游到终点的不是大雾而是她内心的疑惑。她被大雾挡住了视线，看不到海岸，迷惑了心，对自己失去了信心，于是就放弃了。

两个月后，查德威克又一次尝试着游向加利福尼亚海岸。还是浓雾笼罩着她，海水仍然冰凉刺骨，她同样看不见海岸。但这次她坚持着，她对成功充满信心；她奋力向前游，最终游到了终点。

生活中，迷雾也许不是弥漫在加利福尼亚海岸上，在任何时候、任何地方都可能出现在你的前方，让你看不清方向，看不清目标，失去信心。

千万不要让迷雾挡住了你的视线！人有了信心，就会产生强大的意志力。有时候就因为信心的不同，乾坤被扭转。人一旦有了信心，就能战胜自身的各种弱点，向着目标进发，取得最终的胜利！

2　相信自己是最棒的

每个人都有无穷的价值,但真正能认识到这一点的人却很少。你认为你自己的价值有多大,你在现实世界中就会得到多少。

从来没有一个认为自己毫无价值的人,不相信自己的人能够获得巨大的财富和成功。我们每一个人都是无价之宝,每一个人都是一座宝藏。

除非天生就有缺陷,否则,每个小孩都能够学会走路、说话和人的其他一些基本的行为。所有人都把这些看作是非常平常的事情,没有人会为一个健康的小孩子学会了走路而感到惊讶万分。

可是,我们并没有想过,为什么我们每个人在小时候都能这样轻而易举地完成同样的事情呢?

通常,小孩子在学会走路之前,平均要经历近300次的失败,但还没有一个小孩子放弃过学习走路。这大概是人的本能吧!

每次小孩子跌倒后,他自己会爬起来,还用他学到并储存在大脑里的不断反复的信息,自动加以调整,以便纠正自己脑子里形成的走路的形象。他学习、吸纳并成功地运用了与生俱来的能力。无论跌倒了多少次,他还是把要学会走路的自我信念构筑得坚不可摧。小孩子从来不会灰心丧气,遇到挫折时不会认为自己就是一个失败者,他们的头脑里没有失败的概念。然而,随着年龄的增长,我们对自身潜力的认知却不知不觉地萎缩了。我们总是被告知:“你不能唱歌,你很笨,你别做梦了,你不可能会成功的,你永远也不可能成功。”

这些话语被储存在我们的潜意识中后,便不断地腐蚀着我们天生的自我信念。于是,我们便不再强烈地想成为科学家、足球明星、橄榄球员、舞蹈家、医生、富翁等我们曾梦想的角色。

然而,正是我们在外界影响下是否会逐步丧失强烈的自我信念,成为我们能否成功的关键因素。

那些成功的人都保持或找回了孩提时代那强烈的自我信念,他们之所以能做得到,是因为他们相信自己。他们丝毫也不怀疑自己能实现目标，他们相信只要不断努力就可以成功。虽然，人们会批评那些“相信自己是最棒”的人：自大、狂妄、不可理喻，但是那些人却正是靠着那种坚定不移的信念实现了他们的目标。

如果我们都站在独木桥边上，桥那边是美丽丰硕的果园，相信自己的人会大胆地走过去采摘到自己想要的果实，而不相信自己的人却在原地犹豫不决：我是否真的能够过得去呢？等他真的想清楚或者还没有想清楚是否应该过去时，想要的果实已经被大胆行动的人摘走了。

要成功，要实现自我价值，我们就必须相信自己的能力，相信自己一定能达成自己订立的远大目标。

人们有权利按照自己的眼光去评价我们；我们认为自己有多少价值，我们才能获得多少回报；如果我们自己都不相信自己，又如何指望别人把我们看得非常重要呢？

当我们步入社会时，别人就会从我们的脸上，从我们的眼神里去判断，我们到底赋予了自己多高的价值。如果他们发现我们对自己的评价不高，他们又有什么理由自找麻烦，来费心费力地研究我们的自我评价到底是不是偏低呢？

因此，真正相信我们能走向成功的人，只有我们自己。

许多人似乎都认为能力是天生的，自己在某一方面总是有天生的欠缺。然而，事实上大多数人的能力都是后天培养出来的。上天是公平的，它给了我们同样的能力。

3 自信可以创造奇迹

信心是一切成就的基础。信心十足的人不会怀疑自己，不会怀疑自己的能力，更不会担心自己的未来，他们对自己的未来充满信心。任何目标在信心的支撑下都会获得成功。

自信是所有成功者必备的素质之一，要想成功，首先必须建立起自信心，而你若想在自己内心建立起强大的自信，就该像清道夫一样，首先将位于最阴湿黑暗角落的自卑感清除干净，然后再种植信心，并不断加以巩固。信心建立以后,机遇就会随之而来。

信心是一位好导游,它给我们指点迷津,指导我们开启紧闭的大门,给我们指出前进的方向,而那些没有自信的人是看不到这条光明大道的。

你成就的大小永远不会超出你自信心的大小。如果拿破仑认为他越不过阿尔卑斯山,那么他的军队就永远到不了山的另一边。同样,如果对于自己的能力心存疑虑,或不自信,在一生中,你也绝不可能成就伟业。

很多人没有成功,就会抱怨自己没有好的机会,没有好的父母,没有受过良好的教育,没有足够的钱来开创自己的事业——他们把种种不能成功的原因全都推给了那些客观的条件,总是吝于从自身找原因。失败了,首先应从自身找原因,然后运用自己的智慧,付出辛勤的劳动,去争取属于自己的成功。

朱迪是美国明尼苏达州的一位普通得不能再普通的妇女,她带着两个孩子生活,同丈夫离了婚,又失去了工作。她没有上过多少学,也没什么谋生的技能,刚失业时,她对自己的未来很茫然,根本不知道怎样维持以后的生活。于是,她带着孩子回到她的故乡夏威夷。

回到夏威夷,她立刻想换上舒适的夏威夷人爱穿的传统服装——罩袍。在商店挑选衣服时,她发现这些罩袍只有一种尺码,而且颜色呆板,缺乏新意。这些服装都是由当地的一家染织工厂成批生产的,制作得非常粗糙,看上去又千篇一律,一点也不适合人们在各种场合穿着。朱迪认为这是一个非常好的机会,应当抓住。

说做就做,她首先为自己缝制了一件罩袍。她买来了能体现个性特色的印花布,细心地裁剪,使罩袍不仅保持原有的舒适自然的特点,又能够适合自己的身材尺寸,还精心设计了漂亮的花边。这种特殊的设计,立刻引起了房东太太的兴趣,她要求朱迪为自己也缝制一件。穿上朱迪为她量身定制的传统罩袍,房东太太非常高兴,她怎么也没有想到,这种司空见惯的传统服装,居然也可以做得如此地适合于自己的身材。

当朱迪将她想从事服装业的想法告诉朋友们时,几乎人人都惊讶地连连摇头:“难道你不知道在夏威夷各大旅馆、服装店和旅游中心陈列着成千上万件传统罩袍?难道你不知道这个行业竞争有多激烈,早已没有什么利润可图了吗?”

然而朱迪却不是这样认为,她决心要试一试。她自己负责选购布料,为顾客测量身材尺寸,然后将布料的尺寸交给其他按件计酬的合作者去裁剪和缝制,在她居住的小小的公寓里,居然每个月能生产出150件漂亮的罩袍。

就这样,凭着一份灵感、一份自信和最初1000美元的资本,凭着她那“只要想做,就立刻去做”的行为准则,这位普通的妇女办起了自己的服装厂,还把这种独特的服装推销到美国本土的许多城市。

可见,成功关键是找到属于自己的金矿,并坚忍不拔地进行开采,这是一条人人都适用的行为准则。它是许多成功者都具备的心理素质,它体现了一个人的积极心态和对成功的执著追求。

日本著名企业家本田宗一郎的成功之路就是这样一种典型。

22岁时,本田宗一郎还是东京的一名普通的汽车修理工。他想回自己家乡——滨松自立门户,便义无反顾地向他所效力的东京技术商会提出辞呈。商会不但没有反对,还同意他回家乡后挂“技术商会滨松支店”的牌子开展业务活动,并资助他200万日元,作为营业资金。

回到家乡后,本田宗一郎一边起早贪黑地拼命工作,一边在修理车间旁建了一间小屋,专门进行技术研究,这就是后来非常出名的“本田技术研究工业公司”的雏形。

就在那一年,东京发生了大地震,那里的汽车、摩托车轮子大都损坏了。当时的车箍和辐条都是木制的,既容易断裂,又容易起火。听说地震后的火灾使许多车轮被烧毁,本田宗一郎立刻产生了用铁制轮箍的想法。

本田宗一郎说干就干,马上着手进行铁轮箍的研制工作,当年便获得了成功,并取得了专利。他研制的铁轮箍非常畅销,不仅供应本国市场,还出口到了印度。他的工厂也因此而逐步扩大。

随后,为了把工厂业务由主要从事修理转向更能发挥自己特长的制造业,本田宗一郎决定研制活塞环。由于缺乏制造活塞环所必需的铸铁知识,他的研制工作进展得非常慢。但是,对于自己已经决定要做的事情,本田宗一郎从来不会轻易放弃。他停下了手中的工作,来到滨松高等工业学校进修学习,两年以后,由他创建的东海精密机械公司已经能够生产出活塞环了。

然而有一次,当他带着自己的产品到丰田公司推销时,却意外地发现自己的产品还存在着许多的质量问题。本田宗一郎觉得非常惭愧。为此,他不惜再次停下工作,重新到滨松高等工业学校深造。

几年的艰苦付出终于有了回报。到了1942年,东海精密机械公司已经开始正式从事活塞环的生产了,并且成了当时同行业中的骨干企业。后来,还成为丰田汽车公司的主要供应商和合作伙伴。

本田宗一郎后来是靠他创制的新型汽车和摩托车享誉全世界的。1990年,本田公司的摩托车在世界摩托车市场的份额中占据了大约60%,年产量超过300万辆。而在他一次次创业的过程中,那种“只要想做,就立刻去做”的行为准则所体现出来的热情、勇气和精益求精的务实精神,确实起到了不可低估的作用。

我们经常会发现,身边有许多的人因为遭受到各种各样的打击,失去了进取的信心,不再努力了。究其原因是他们缺乏自尊,小看自己,总觉得自己太渺小,什么也不行。因为他们这样想,所以他们真的变成了他们思想中的那种人。

这些放弃努力的人们,不知道他们也跟那些成功的人一样,具备同样的素质,他们要想成功,就需要相信自己,重新认识自我,要把自己看成是第一流的人物,对自己要有信心。试着运用下面的办法,可以把你身上最优秀的品质开发出来。

首先,你要认真回答自己:“什么是我最优良的品质?”不要敷衍自己,给自己做一个详细的描绘。

其次,把你的这些优点逐条写在纸上,给自己做一份自我总结。然后,与自己面对面地谈话,排除其他杂念,一心一意想着你就是你的总结里写的那个人,你的身上有许多别人不具备的优点。

第三,每天至少大声朗读一次你的总结,如果你在一面镜子前这样做,效果会更佳。有力地重复你的总结会使你的血液循环加快,令你自己热情起来。

最后,每天默诵你的总结,每次要求有勇气的行动前,每次感觉消沉时,都应复习一遍你的总结。

也许有人会认为这个方法很可笑,那只是因为他们不相信成功自信的心理暗示会对人产生巨大的影响。

请不要受这些世俗观念的影响,你同样可以成功。你心中的“自我”伟大一些,你也会随之变得伟大。

4 成功永远属于自信者

自信是对自我能力和自我价值的一种肯定。在影响自己的诸要素中,自信是首要因素。有自信,才会有成功。美国作家爱默生也曾说过:“自信是成功的第一秘诀。”

古人云:人不自信,谁人信之。建立自信,应该从相信自己,赏识自我做起。相信自己,就是对自己的认可和支持。“我能行”,“我也会成功”。积极的自我暗示,能够激起强烈的成功欲望,在战胜困难、实现目标的过程中,表现出果敢的勇气和必胜的信念。阿基米德曾经说过:“给我一个支点,我就能够撬动地球。”这是多么豪迈而自信的语言。自信,能够唤醒沉睡的潜能。无数成功者的事实启示我们:事业成功固然有种种因素,但自信是必不可缺的条件,失去了自信将导致事业失败。

当初门捷列夫发现元素周期律后,有些反对他的人认为,留下那么多空白就表明周期律的不合理和有矛盾,甚至连他的导师也嘲笑他不务正业。但是门捷列夫没有因此而放弃他的科学观点,他根据周期律科学地预言一些当时还没有发现的元素和它们的性质。正因为他的预言和后来的实验结论完全一样,周期律才被科学界所承认并且引起广泛的重视。

居里夫人为了提取纯镭,以便测定镭的原子量,向科学证实镭的存在,曾终日穿着沾满灰尘和污渍的工作服,在极其简陋的棚屋里,用和她差不多一般高的铁条搅动冶锅,从堆积如山的沥青矿的废渣中寻觅镭的踪迹。条件极其艰苦,但她心里却充满自信。她对友人说:"我们应该有恒心,尤其要有自信心!我们必须相信我们的天赋是用来做某种事情的,无论代价多大,这种事情必须做到。"她终于获得了成功。

成功属于自信者,而自卑是成功的绊脚石。有这样一个故事。

英国科学家弗兰克林在1951年时,已发现了DNA(人体的遗传物质的双螺旋结构),这本是一件获得诺贝尔医学奖的大发现,可由于他生性自卑,又怀疑这可能是错的而不敢肯定它,直到两年后,另外二位科学家沃林与克里克也发现了DNA的双螺旋结构,两人获得1962年的诺贝尔医学奖。我们真为弗兰克林惋惜。如果他自信一些,敢于承认自己和肯定自己,我想弗兰克林这名字会载入医学生物学史册。自卑真的害人不浅。

每个人或多或少都有自卑感,这是十分正常的。个人自卑感的形成则是受个人环境的影响。弗洛伊德认为童年经历在一个人生理状况、性格、志趣、思维方式等方面产生重大影。向,而这些因素正决定了一个人自卑的强烈程度。他认为童年经历可能会随着时光的流逝而变得模糊,但却保存在潜意识中,对人的一生都有重大影响。一般来讲,童年生活不幸的人更容易产生自卑感或自卑感更强烈。

成功者之所以成功,不是因为他没有受到过这些消极因素的干扰,而他们成功的原因就在于他们能够用意志和适当的科学方法摆脱它们的干扰,跳出阴影地带。由此可见成功永远属于自信者,自卑者与成功无缘,那么怎么才能让自卑者树立自信呢?教你几招战胜自卑的方法。

真实的评价自我。摆脱完美主义的束缚,不要妄想十全十美,以一种平和的态度对待自己,清楚自己的长处和不足。人无完人,或许你在这方面不如别人,但别人或许在另一方面不如你。所以,不要对自己要求过高,在过高的要求无法实现的时候,失败感自然就会产生,自卑心理也不可避免。

转移注意力。当你充分认识到自己后,就不要把注意力始终停留在自己的短处上。你停留的时间越长,黑色的阴影就越重。发挥你的长处,体现你的人生价值,更能让你肯定自我,从而克服自卑的心理。

心理治疗。如果你的自卑感太强,则成为一种心理疾病,一般的自我心理调节可能作用不是很大,此时需要通过心理医生来进行治疗。

主动找回自信。主动找一些简单并且比较容易成功的事情做,逐渐增强自信心。一个人产生自卑的另一个原因,是遭受挫折和失败,所以,可以通过逐步获得成功找回自信。自信多一点儿,自卑就相应地减少一点儿。

补偿法。这是一种最常见最有效的方法,主要通过自己努力奋斗,在某一方面取得一定成就来补偿生理上的缺陷或心理上的自卑感。

战胜自卑的过程,其实也就是磨炼心志、挑战自我的过程。人们常说"最大的敌人是自己"。而自卑就是自己为自己设置的障碍,只有跨越这道门槛,你才能集中精力和斗志从事别的事业。

自卑其实人人都有,只是程度不同罢了。心理学家阿德勒就认为:人类都有自卑感,以及对自卑感的克服与超越。当我们小的时候,看到别人长大而自卑;当我们大的时候,却发现别人比我们更有钱;当我们有钱的时候,看到别人比我们更富年轻力壮,这些都会让我们心底里产生自卑。这样看来,自卑其实是不可怕的,从某种程度上讲,自卑也是推动一个人不断自我完善的动力。但是,如果你已经认识到自己的自卑,而不愿去进行自我突破的话,那么自卑对你来讲就是非常有害的。

5 信心是人生最珍贵的宝藏

信心是人生最珍贵的宝藏,它可以使我们免于失望,也免于产生那些不知从何而来的黯淡的念头,使我们有勇气去面对艰苦的人生。可以想象,如果一个人丧失了信心,那是一件多么可悲的事。我们的前途似乎有扇门关闭着,使我们看不见远景,对一切都漠不关心,甚至没有生气的情绪,这使我们误认为是智慧的终结。其实,并非如此。究其原因,是我们对自己没有信心。

信心不是“想当然”,不是轻信,不是一厢情愿,也不是不管证据如何去盲目地接受;而是交托,是不顾一切阻拦与艰难,去做我们认为对的事情。

人是为了信心,一种有深度需要的信心而生的。相信是很自然的,怀疑却是痛苦的。所以,一旦我们失去了信心,就违背了自己的本性。一切不敢肯定,人生就没有根了。

信心是一种力量,天下没有一种力量可以和它相提并论。一份小小的信心可以移动一座高大的山峰。所以有信心的人,没有什么是不可能的。他会遭遇挫折危难,但他绝不会灰心丧气。

现代生活的快节奏,使得人们不得不超负荷地运转,以便跟上时代前进的步伐,这就容易使人疲劳,烦躁,失去信心,甚至走向堕落,从而以玩世不恭的态度消极地对待人生,对待社会,最终无所事事。其实,人生大可不必如此。要自信,要有坚定的信念,生活本身就是一种美,最重要的是你怎样去体味、感受这种美的过程,使生命像四季常青的松柏,能随时焕发出生命的绿色来。

要有自信,要有坚定的信念,要学会为生命喝彩,要经得起失败的考验和锤炼,不要让不经意的失败轻易地碾碎自己脆弱的心,奴役高尚的灵魂,甚至夺取宝贵的生命。其实,失败和不得志算得了什么?它只是人生长河中的一点小插曲,并非人生的主旋律。要学会吸收、消化这种小插曲。无论前方的道路多么的坎坷,前途多么的渺茫,失败多少次,你都要坚定地战胜自己,你必须树立起生活的坚定信念,你必须为生命喝彩。就算在你的生命里只有昙花一现般的辉煌,那也是你的收获,你的胜利。必须树立起生活的坚定信念,必须战胜自我,走出一条完全属于自己的路来。不要让失败的阴影把你的希望抹杀,把你坚定的信念从心灵深处连根拔起,把你从人生的长河中轻易地剔除,毕竟,你已经属于了这个社会。

在人生的大道上,没有人为你铺上红地毯,只有你自己是最可靠的,要用第三者的目光去处世,自信地去收获。

一帆风顺，春风得意者能有几人，又有几人能如愿以偿地走自己的希望之路呢？这关键是个对待人生的态度问题。

失败和不得志未尝不是好事。有了它，能使你的信念更加坚定，你的人生更加绚丽多彩。你不要在失败中失掉自信，失掉信念，甚至失掉个性和人格。一旦这一切都失去了，你作为人类的一切优秀品质都将荡然无存了。也许你会变得偏激而容易激动，你会分不清哪是友善，哪是邪恶，哪是同情，哪是冷嘲热讽，哪是善意的帮助，哪是落井下石，所有的一切在你的眼里都会变得朦胧而无奈。事实上，此刻的你更应该学会接受，学会接受危难之秋的种种现实，学会为人生喝彩，学会战胜自我。因为危难之秋的一切没有掩饰，没有做作，都是最接近真实的。只有此刻，你才能把生活理解得更深刻，把世界洞悉得更加明白。如果此时你失掉了自信，不能战胜自己，那无异于自取灭亡。事实上，此时你更应该学会表达一个真实的自我，你的信念将坚如磐石，你将战胜自己！

但是，如果你对眼前的事实视而不见，充耳不闻，你演绎出来的，必将是一个虚假的你。无论你的伪装多么的高妙，都掩饰不了你内心的痛苦。你想哭，却怎么也哭不出来，因为泪腺早已干枯；你想笑，却觉得的确有些尴尬，勉强地笑笑，似乎有些难看，但在你看来，毕竟笑了，足以自慰了。是你抛弃了自己，是你放弃了希望，只有那昔日的痛，像影子一样，招之即来，挥之不去，亵渎你的灵魂，咀嚼你的心肝，埋葬着你的青春韶华。这样，日子就会携着你日渐“丰腴”的记忆，在不经意和无所谓之间轻易地流失。虽然，你也希望把青春年少时的梦留住。但一切都枉然，一切都不再是从前。

生命对于我们的意义，就是要我们把所有的能量全部地释放。我们要对自己的国家、社会、家庭都具有责任感，这是我们来到这个世界的理由，也是我们生存的意义所在。因此，在这物欲横流的世界，你就必须学会自信，你必须奋起，你必须为自己的生命喝彩，你必须战胜自己，这才是一个真正的你！

人生，因自信而精彩，因坚定的信念而光芒四射。血气方刚的年轻人，一定要壮心不已，毕竟你是风华正茂时，你有五彩的梦，你有真挚的情，你有绚丽的人生，你有高尚的灵魂，你还有什么不能战胜的呢？

自信就是一种习惯,只要你从小事做起、逐渐培养,这种优良的习惯会伴你终生。

汉纳先生在刚刚登上政治舞台时,非常缺乏自信,他不敢在大庭广众之下开口。第一次面对公众演讲时,他脸色发白,双腿发颤。他当时痛苦不堪,有些观众见了都替他难过。

但他并没有被恐惧压倒。他似乎对自己的尴尬经历看得很淡。他发誓要从失败中走出来,改变自己,树立信心,把自信当作习惯。

在做第一次政治巡回演讲的时候,他决定只做一些很短的演说。这样就没有太大的压力,就不至于太紧张了,就能够尽量轻松地表达自己的想法。这样一试,果然奏效。开始的小小的成功增强了他的自信心,一路走下去,到这次巡回将近结束时,他已经可以连续讲半小时,也不觉得很吃力了。经他这么一训练,后来,公共演讲倒成了汉纳非常擅长的一种工作。先从容易的事情做起,克服胆小,让一次次的小成功增强自己的自信,久而久之,自信也就培养了起来。

最能促使人前进的一种诱惑,莫过于成功后的成就感。不管大小,只要能做成功,你就可以从中尝到一点成功的滋味,你就非常渴望更大、更辉煌的成功。自信是一种长期积淀和培养的品质,每当你成功地做完一件事情,你对自己的信心就会增强一点,一点一滴地积累,最终就成了习惯,所以,对自己强大的信心是建立在无数成功的基础上的。

成功是各种各样的。比如今天又克服困难游了一圈冬泳,比如你又解答出了一道数学题,或者你把老板交给你的任务完成得漂漂亮亮,这都是一些积累自信心的机会。虽然它们很小,甚至是微不足道,但如果我们能在小事上经常成功,就会一点点积累起自信。就会充满成就感。

美国最有名的拳击运动教练哈利斯就曾讲过这么一个故事,说他是如何用这种方法训练麦加芬,使他成为世界轻量级拳击运动的世界纪录保持者。他说:

"这都要取决于慎重地选择与麦加芬比赛的对手。任何人在任何事上要取得成功都像这样。我让麦加芬先和某人较量,然后又和另外一个运动员交手，这样一个一个地下去。每次所挑选的对手，都不会使他很难取胜，这样有利于他们自信心的培养。不过，每次我总会把对手的水平比前面一个提高一些，每次取得胜利总会比上一次要难一点，这样，他在每次比赛中都能够有所收获。

“我让他慢慢地前进，但是我不让他在某一处停下来。我也不会让他过于自信，每次叫他去应付的那些人不是他所能轻易取胜的。我更不会让他丧失自信，让他去与一个一定会打败他的人过招。”

其实，其他各行各业也都可以用这种训练拳手的方法，这种方法循序渐进，可行性强。可以先去专攻一项难度较小一点的工作，然后把难度再慢慢加大，这样一步一步地做下去。麦加芬得到世界冠军，就是这样训练的。但是大多数人有时也容易犯这样的错误，他们还没有从小事上得到足够的经验，就急于想去应付一个大的对手，着手一项大的事业，操之过急，急功近利，结果碰钉子了，受了打击。这是不可取的。

刚开始工作时，经理是否把最容易推销的产品让你去推销，或者让你处理一些很简单的活，或者让你解决一些小问题呢？如果是这样，那么你就应该抓住机会“操练”自己，积累自信，渐渐养成一种成功的习惯，从小事上建立起自己的信心，时机成熟了，你就可以有准备地做一些较难的工作了，说不定就能一鸣惊人。

经常体验一些胜利的感受，可以激发自己发奋做更难的工作，培养一种坚定的自信心等，这些都可使人养成一种成功的习惯，并使人获得一种成就感。

一旦你对某件事情充满了信心，你就应该努力地去干好它。结果成功了，你也许马上就能美名远扬，你的名字开始出现在各大报纸的头条，你就能住上豪宅。从此，你告别了过去的那个自卑的小萝卜头形象，你与名流同在。所以，一切要看你努力的方向。

相反，如果你对于任何事物——包括你自己在内——都缺乏信心，看不到希望，那么你就会随意游荡、漫无目的，最后，你可能是一个流浪者……再最后，生命终结了，一生就这样结束了。

第九章　创新力：事业腾飞的引擎

这是一个充满竞争的年代，拥有一个职位不容易，保住一个职位就更不容易了。然而，事实上，要想真正地在企业中拥有自己的一席之地，就必须创造性地工作，最大限度地提高自己的竞争力，这样才能真正持久地行走的职场上。因此无论是正要走上职场的大学生，还是已经走上职场的员工，都需要创造力，因为这是职场可持续发展的关键能力。

1 员工的核心价值在于创新能力

善于运用创新的思路和方法去解决工作中的问题和困难，是人才的核心价值所在，是一个企业保持旺盛竞争力的保障。企业永远呼唤主动寻找方法、创新地挑战困难的员工，这样的人是企业最宝贵的财富。

在美国，"汉斯"牌番茄酱的味道远比其他牌子的味道浓。然而在20世纪60年代，这种番茄酱却由于流速太慢而引起消费者不满，人们纷纷抱怨"倾倒的时间太长"，而其他产品没有这种毛病，因而"汉斯"牌番茄酱的销售受阻。

面对这种情况，公司老板一时拿不定主意，是改变番茄酱配方，降低番茄酱浓度，还是改变包装，使之容易倒出？但不论哪一种方案，都将使"汉斯"牌番茄酱失去特色。这时，公司的一个员工想出一个妙招，既不改变包装，也不降低浓度，而是因势利导，改变广告宣传重点。在"汉斯"牌番茄酱的广告中指出，这种番茄酱之所以流速慢，是因为它比别的番茄酱浓，味道也比稀的好，广告中公然宣称，"汉斯"是流速最慢的番茄酱。如此，不仅不把消费者抱怨的"流速慢"视为短处，而且使之成为超越其他番茄酱的优势。这个广告刊出之后，果然效果奇佳，市场占有率从原来的19%迅速上升为50%。

日本松户市前市长松本清，他不但是市长，也是一个头脑灵活的生意人。

松本清以开创"马上办服务中心"而名噪一时。他拥有许多家连锁的药局。他将药局的店名称为"创意药局"。顾名思义，他的经营手法是具有独创性的。

松本曾将当时售价200日元的膏药，以80日元卖出。由于80日元的价格实在太便宜了，所以"创意药局"连日生意兴隆、门庭若市。由于他以不惜赔血本的方式销售膏药，所以这种膏药的销售量越大其赤字也越高。但是，整个药局的经营却出现了前所未有的盈余。因为，前往购买膏药的人，几乎都会顺便买些其他药品，这些药品当然是有利可图的。其他药品的赢利不但弥补了膏药的亏损，同时也使“创意药局”的生意做得有声有色。

要想在销售中突破传统思维定式，突破传统销售套路，反过来从另一角度、另一方向、另一市场、另一群消费者、另一种消费动机、另一种偏好来考虑和分析市场，就要用反向思维，突破销售僵局。要养成不断创新的习惯，制造与众不同的竞争优势，寻找新的制高点。

把创新作为自己思考的特质之一，让创新成为竞争力，在不断创新中努力创造非凡的业绩，这样的人才是真正的人才，具有真正的竞争力。善于用创新的思路和方法解决工作中的问题和困难，是人才的核心价值所在，更是一个企业保持旺盛竞争力的保障。

2　创新中的“多一盎司定律”

著名投资专家约翰·坦普尔顿通过大量的观察研究，得出了一条很重要的原理——“多一盎司定律”。盎司是英美制重量单位，一盎司相当于 1/16 磅，合 28.3495 克，即半两多一点，在这里以一盎司表示一点微不足道的重量。所谓“多一盎司定律”，意即只要比正常多付出一丁点就会获得超常的成果。坦普尔顿指出：取得中等成就的人与取得突出成就的人几乎做了同样多的工作，他们所做出的努力差别很小——只是“多一盎司”，但其结果，即所取得的成就及成就的实质内容方面，却经常有天壤之别。

“多一盎司定律”可以运用到所有的领域。实际上，它是使你走向成功的普遍规律。例如，把它运用到足球队，你就会发现，那些多做了一点努力，多练习了一点的球员成了球星，他们在赢得比赛过程中起到了关键性的作用。他们得到了球迷的支持和教练的青睐，而所有这些只是因为他们比队友多做了那么一点。在商业界,在艺术界,在体育界,在所有的领域,那些最知名的、最出类拔萃者与其他人的区别在哪里呢?回答是就多那么一点儿。“多一盎司”定律——谁能使自己多加一盎司,谁就能得到数倍的回报。

创新的道路上,也遵循着“多一盎司定律”。想得比别人深入一点点,就有可能在创新之路上比别人快许多步。我们所熟知的发明创造故事,许多人都是因为多付出了一点点,多思考了一步,才和具有重大意义的“发现”相遇的。

其实,创新离我们并不遥远,我们只需做一个有心人,遇到问题多想一点,再深入一步,有时只需在生活、工作中“多加一盎司”,结果可能就大不一样。

在很长时间内,机械式手表一直占据着垄断地位,瑞士钟表率先开发出了石英数字手表,但是由于不舍得放弃现有机械式钟表庞大的市场规模,所以他们将石英数字表定位为高价产品。

与此同时,在日本有一家钟表店,由于整个钟表市场的不景气,公司业务一直不理想。有一天,店里的一位业务员在向一个客户推销自己的产品时,客户问他:“你们这里有没有石英表啊?”

业务员摇摇头说:“现在只有瑞士的钟表才有石英表。”

客户就说:“瑞士的表太贵了,要是有便宜一点儿的就好了。”虽然客户最终还是买了业务员推销的表,但是从表情来看他并不是十分满意。

业务员在回公司的路上又想起了那个客户的话,他突然灵机一动:“我们能不能引进瑞士钟表的这项技术,然后在制作流程和产品设计上加以改进创新,这样,或许我们的手表就能突破市场的局限了。”

想到这儿,业务员十分兴奋,几乎是一路小跑地回了公司。他立刻找到技术部门的主管,向他提出了自己的设想。技术主管听了也非常兴奋,在与老总商量后,立刻着手开始工作。

技术部门经过研究，引进了瑞士钟表的技术，并在选材上进行了改良，大大降低了成本。产品一经推出，不但和瑞士钟表有同样的功能，而且价格上要低很多。于是，该公司很快就占领了日本国内的大部分钟表市场。

那位业务员因为此事被老总和其他员工当作英雄一般看待，不但得到了老总的提拔，也得到了同事们的赞赏。

世事总是这样奇妙，往往与一项发明或发现已经离得很近，却又失之交臂。其实，这只能怨自己没有“再深入一步”。“一盎司”虽小，但有无这“一盎司”却对我们的生活和工作影响巨大。思考多加“一盎司”，激情多加“一盎司”，主动多加“一盎司”，创造多加“一盎司”，你就会发现你的收获不只是多加了“一盎司”。

3　在细节中发现创新的种子

许多人总是抱怨自己找不到创新的机会，那是因为他们总是抬头望“天”，而不愿低头走好脚下的“路”，他们的目光总盯着能够震动一时的大事物，而不会从细小处着手，在细节中寻找创新的种子。

老子说：“天下难事，必作于易；天下大事，必作于细。”企业的经营，只有重视细节，从细节人手，才能取得有效的创新。创新是企业界一个非常时髦的词，无数事例证明，创新往往存在于细节之中。一些人误以为，创新始于宏伟目标，终于备受瞩目的结果，这就使人们很容易忽视细节，成了制约创新的“瓶颈’。

目前，许多企业在寻求创新时，不管在技术创新还是在管理创新方面，总习惯于贪大求全，却很少有“于细微处见精神”的细心和耐心。虽然每一个细节看上去都很小，但是这一个小变化，那一个小改进，就可以创造出完全不同的产品、工序或服务。如果说创新是一种“质变”，那么这种“质变”经过了“量变’的积累，就自然会达成大的变革和创新。很多事情看似简单却很复杂，看似复杂却很简单。企业的经营，只有重视细节，从细节入手,才能取得有效的创新。

有时候一个小小的细节就会激发你的创意,让你获得灵感,从而解决难题。

位于美国俄勒冈州的纽波特海湾,一年四季风光旖旎,海风习习,人们过着远离尘世的生活,莎莉斯和科利尔决定在这里开设他们的旅馆。这无疑是一个冒险的举动,靠旅客吃饭的旅馆,面对的是每日寥寥无几的外来人,来小镇办事的人大都住在政府开办的招待所。

但是8年后,当人们再看到莎莉斯和科利尔这家名为“西里维亚·贝奇”的旅馆时,红火的生意让人眼馋,每年有数以万计的游客在这里下榻。现在想来住宿,需要提前两个星期预订房间。当然,小镇也因此人气渐旺,但宁静依然。

莎莉斯和科利尔是如何把游客吸引来的呢?谜底是小说。

8年前,莎莉斯和科利尔还在俄勒冈州的一家大酒店里供职,时常有游客问他们,酒店里能不能提供一些世界名著?酒店里没有,爱看小说的莎莉斯和科利尔满足了他们。问的人多了,莎莉斯和科利尔就留心起来,才有了日后声名远播的“小说旅馆”。

管理大师彼得·德鲁克说:“行之有效的创新在一开始可能并不起眼。”而不起眼的细节,往往可以激发创新的灵感,从而让一件简单的事物有了一次超常规的突破。由于留心生活,一些看似无用的细节会激发你无穷无尽的灵感,为你带来不凡的创意。只要拥有善于发现的眼睛,有用的细节就无处不在。只要用心把握好细节,就一定能找到解决困难的方法。

4 学会思考,学会创新

俗话说:只有想不到,没有做不到。思路决定出路,思考是人生最大的财富。学会思考,就能找到人生新的起点;学会思考,学会创新,成功就会向你走来。

穷者顺从自己由来已久的惯性思维,头脑受到太多的局限,因此永不能挣脱条条框框的羁绊,一生受贫穷困扰,那些富者,或许早年也曾贫穷,但他们在现实生活中能挣脱习惯性思维的束缚,让思想自由驰骋,学会了不时创新,最终跻身富人之列。只有学会了思考,学会了创新,打破常规,才能让不利的条件变成有利的条件,才能变被动为主动,才能取得成功。

华若德克是美国实业界大名鼎鼎的人物。在他未成名时,有一次,他带领属下参加在休斯敦举行的美国商品展销会,令他感到懊丧的是,他被分配到一个极为偏僻的角落,而这个角落是很少有人光顾的。为他设计摊位布置的装饰工程师劝他干脆放弃这个摊位,因为在这种情况下要展览成功是不可能的,唯一的办法只有等待来年再参加商品展销会。沉思良久,他觉得自己若放弃这一机会实在太可惜,而这个地理不好的位置带给他的厄运也不是不能化解,关键就在于自己怎样利用这不好的环境使之变成整个展会的焦点。他觉得改变这种厄运需要一种出奇制胜的策略,可是怎样才能出奇制胜呢?他陷入了深深的思考。他想到了自己创业的艰辛,想到了自己被展销会的组委会的排斥和冷眼,想到了摊位的偏僻,在他心中突然想到了偏远的非洲,自己就像非洲人一样受到不应有的歧视。第二天,他走到了自己孤独的摊位前,心里充满悲哀又有些激奋,想到你们既然把我看成非洲难民,那我就给你们打扮一回非洲难民,于是一个计划就产生了。

华若德克让他的设计师给他设计了一个古阿拉伯宫殿式的氛围,围绕着摊位布满了具有浓郁非洲风情的装饰物,把摊位前的那一条荒凉的大路变成了黄澄澄的沙漠,他安排雇来的人穿上非洲人的服装,并且特地雇用动物园的双峰骆驼来运输货物,此外还派人定做大批气球,准备在展销会上用。还没到开幕式,这个与众不同的装饰就引起了人们的好奇，不少媒体都报道了这一新颖的设计，市民们都盼望开幕式尽快到来以一睹为快。展销会开幕那天，华若德克挥挥手，顿时展厅里升起无数的彩色气球，气球升空不久自行爆炸，落下无数的胶片，上面写着："当你拾起这小小的胶片时，亲爱的女士和先生，你的运气就开始了，我们衷心祝贺你。请到华若德克的摊位，接受来自遥远的非洲的礼物。"这无数的碎片洒落在热闹展销会场，当然华若德克也因此奇特的改变与创新取得了巨大的成功。

很多从常规思维角度去思考认为是办不到，不可能实现的事情，但是从发散思维角度去思考，往往办不成的事就能办成，不可能实现的目标最终也会实现。华若德克的故事告诉人们创新来自于不受局限的自由幻想，它可以帮助我们以一种崭新的、与以往不同的方式来看待事物之间的关系，并且使习惯的思维方式成为助益而非伤害。在很多情况下，看上去无关的事物，却能提供人们对问题的领悟和答案。飞机外形的设计就来源于人们对飞鸟的观察；潜水艇的外形很像是海豚；雷达来自于蝙蝠的知觉给人类的启发；皮下注射针像响尾蛇的牙……这一切都是很好的证明。

不管你从事的是哪一个行业，幸运之神都偏爱会思考，有创新精神的人。思考能使人不断进步，不原地踏步。创新能使你的事业再上一个巅峰，与众不同的创新个性能使你成为众人的灵魂。因此，从现在起培养你的不断思考，敢于创新的习惯，从生活中的点点滴滴开始培养，那么你的远大目标的实现会自然而然地水到渠成。记住，不断思考，敢于创新的好习惯会助你成功。因而我们要学会思考，学会创新。

成功的因素很多，思维、学历、智商文化水准、资金、技术、性格、口才、社会关系、机遇等，甚至连年龄、爱好、性别、外貌都可以成为成功的因素。但在众多的因素中起决定性的是人的思想和不断创新的精神，一切成功都是因为有一个正确的思路以及不断的创新，也只有这样才能离成功越来越近，才能在成功的路上越走越远。

5 大智大勇,力挽狂澜

创新是一种追求,而在这一追求中,内部和外部的努力都具有很大的作用。客观条件固然重要,而主观的意识却决定了成败与否。创新需要勇气,需要胆识,需要魄力,因为创新不是墨守成规,而是要开拓,去做常人不敢做的事。

法国文学家法朗士曾说:“最难得的勇气,是思想的勇气。”也就是我们常说的魄力,一种大智大勇的胆识。有了魄力,我们才可以力挽狂澜,做出惊人的事情来。

广州塑料软包装厂是一家民政福利小厂,全厂100多名职工中,残疾人占了54%。1986年,全厂的27万元流动资金亏得一干二净,并且还欠下技改债务40多万元,已经到了破产的境地。

此时,谢耀临危上任厂长。一开始便引进风险机制,他先是在厂内实行车间集体承包,很快使企业扭亏为盈。1988年,通过招标实行风险承担,规定承包人要先交纳2万元的风险抵押金,确保上交厂部的利润每年递增7%,而且要保证车间职工的收入每年也递增7%。

这种机制促使承包人使出浑身解数,尽全力拓展业务多盈利。其中纸盒、纸箱、塑料3个车间都是独立的产品车间,承包者可以自主经营,他们对供销人员实行任务承包,体现重奖重罚,调动了工人的积极性。3年下来,风险承包的经营方式使全厂利润连创历史最高记录。1991年,包装厂盈利88万元是承包前的5倍。职工月均收入比3年前增长84%。此外,他们还增添了许多新的设备。

可以说,谢耀的魄力让包装厂起死回生了。风险是否可以控制,就在于你有没有那个胆量去做。没有风险的事是没有什么价值可言的,敢于去承担责任,巧妙地运用智慧,你就会很快地成为事情的主导者。

人生难免会遇到让人棘手的事,而当你处于困境中的时候,往往只是一念之差,一种胆识让你成为一名优秀者,这同样也是一种创新。

有一位青年,大学毕业后凭着一腔热血和豪情壮志,来到繁华的都市中,他想:海阔凭鱼跃,一定会找到属于自己的位置的。然而事实并非如此,他的专业根本无人问津,刚刚踏出校门,一无经验,二无一技之长,他的最初想法似乎太单纯了。没过多久便陷入了困境中,不得不找些零工做,以赚些钱维持生活。最后,零工也没得做了,身无分文。

一天,他又累又饿,心情懊丧得无法形容。这时,突然看见一家酒楼,或许是里面的美味可口的佳肴太具诱惑力了,竟不由自主地走了进去。由于饥饿的缘故,他犹豫着点了一份辣子鸡丁,一份米饭,一瓶啤酒。狼吞虎咽地把饭菜吃了个精光,之后装出一种镇定的模样,对服务员说:“请你们的经理出来一下,我有话和他讲。”

很快,经理出来后很有礼貌地问:“您有什么事呀?”他说:“我已经在这里吃完饭了,但是我现在身无分文,所以我希望在你们这里打工,第一可以偿还我今天的饭钱,第二我目前的确很需要一份工作,否则,我每天都会这样饿肚子的。”

经理上下打量了他一下,笑着说:“可以,不过我们要给你3天的试用期,先写个简历,我们好给你安排合适的工作。”

结果,3天试用期让他留了下来,然后从一个文员一直做到酒店的副总经理。后来,他开了自己的酒店。

如果那位青年没有胆识的话,他就不会说出那样惊人的话,也就没有那次机会。魄力铸就了他日后的事业。

缺乏魄力,许多事情就不敢去做,即使是好设想、好办法、好知识,也只能滞留在大脑中,不能变为现实,更不能进行创造。有胆有识,才是真正的大智慧。

王辉耀出国留学期间,他对中国留学生在美国、加拿大打工总是去刷盘子,很不以为然。他说:“我不会去刷盘子,因为你永远不能把这段经历写进履历表。这样你实际上是浪费了时间。”

第一年暑假来临之前,他在图书馆里查阅资料,偶然发现加拿大帝国银行在中国有项目,而且银行的副总裁在香港工作过,于是他就寄去了自己的简历,很快收到了录用通知书。

第二年暑假,他听到加拿大城市联合会会长介绍,要组织中国14个沿海城市的访加代表团。王辉耀立刻迎上去,表示有兴趣为这个项目工作。他成功了。

第三年暑假,他找到了一份赴日本爱普森公司为海外经理做培训讲师的工作。因为爱普森公司看重了他前两个暑假工作的经历,所以在众多人中选中了他。

王辉耀说:“只要有机会,我从来都是毫不客气地参与竞争。”

1990年,王辉耀和几百个人竞争加拿大魁北克省驻香港地区及中国首席商务参赞一职。最终,他成了第一位出任此职的华人,也是所有参赞及外交官中最年轻的一位。

每个人都有自己的财富,关键是你如何运用这个财富来创造更多的价值。而魄力正是让你抓住机遇,扭转乾坤的最大财富。

魄力需要你果断敏锐、独有定见,它常常是一种定向思维的突破和追求创新的勇气。在危难的时候,魄力让你更加坚定、明智,往往做出一鸣惊人的事情。它不是鲁莽和自负,而是胸有成竹的胆识。

历史上有魄力的人物不为少见。台湾塑胶大王王永庆被人称为台湾的“经营之神”。

王永庆出身贫寒,早年靠当米店小老板起家,积累了一笔财产。1954年,王永庆与人合作,开办了一家塑胶公司。

很快,王永庆的塑胶公司以月产100吨的速度投入批量生产,但由于台湾的月需求量只有20吨,供大于求,产品大量积压。股东们担心自己的投入会白白损失,相继要求退股。王永庆下定决心，倾尽家产，购下所有产权，独家经营。他的办法就是：增加产量，降低成本和售价，吸引更多的海内外客户。

但是，市场上的日本产塑胶粉不比他的差，价格也便宜，王永庆的产品还是在仓库里堆积如山。这样的情形把王永庆逼上了绝路，他也曾想把产品运出去，但昂贵的费用让他承担不起。看来，出路还只能在台湾岛上。王永庆铁了心："再建一个塑胶加工厂！我就是市场。把塑胶卖给自己的塑胶加工厂，然后出售塑胶成品！"

王永庆的惊人之举得到了台湾有识之士的支持。他很快筹集到足够的资金，创建了一座规模可观的塑胶加工厂，并更新了塑胶厂的设备。

塑胶加工厂投产后，两厂互补的生产优势立即大放异彩。王永庆独占了台湾的塑胶市场，无人可与他竞争。受此启发，他又先后建立了"新茂木业有限公司"、"台湾化学纤维有限公司"，生产新颖、别致、利润大的特种工业品。

由此可见，魄力也是人的宝贵的精神品质，它既是大智，也是大勇。要想创造有所作为，就要在思想上不因循守旧、不怕失败、不怕讽刺。很多事情在发展过程并不如我们所想的那样顺利，尤其是科学发现和技术发明活动本身存在着探索性和独创性的特点，因而失败挫折在所难免，这就需要我们有见事速决的魄力，有勇气去面对问题、解决问题，往往创新也就会在这种胆识中产生。

6 锲而不舍，创新无限

创新是一种能力，更是一种精神。它需要坚定不移的毅力和锲而不舍的精神。创新有两种结果，或是裂变发展壮大，或是失败消亡。无论怎样，创新没有止境。

毅力是人们坚定持久、毫不动摇的一种意志力。法国文学家巴尔扎克说:"勇气和天才是成功的一半,而毅力是成功的另一半。"顽强的毅力是创造、创新活动取得成功的重要保证之一。任何一个创新活动的过程,都不是一帆风顺的,它充满着艰难险阻,这就需要用毅力去排除各种障碍。

这就是说,你必须不止一次地去克服困难,只有靠一次又一次坚忍不拔的努力,你才能获得最好的成果。

20世纪50年代末期,日本一家食品作坊的老板安藤百福,在每天上班回家的路上,看到许多人在饭店门口排队,等热面条。由经营头脑很快萌生生产"只要开水一冲就能吃的面条"的念头。他把想法告诉职工,大家反应冷淡,不以为然。但安藤认为方便面一定销路很好,在简单准备条件之后,即开始了他的新创造。

开始,他把调料加入面粉,压轧成面条,蒸熟烘干即可。由于轧成之后的面条像米饭一样,一团一团。他便给面粉加进鸡蛋,结果情况更糟。几经失败,他改变了方法,受到广大顾客的欢迎把轧成的普通面条蒸熟后再浸到酱油中,从而解决了加味问题。又因为不能大规模生产,于是他又采用油炸面,又经多次改进,3年煞费苦心,安氏"鸡肉方便面"终于发明成功,受到广大顾客的欢迎。1962年,他获得制造方便面的专利,同类的外添调料方便面、方便炒面等纷纷上市。

追求成功的过程,就是解决一个又一个问题的过程。哥伦布为说服西班牙女王伊莎贝拉相信他是一匹"骏马",花费了6年的口舌之劳,打动了女王的心,赢得了援助,这才有了"发现新大陆"。维克多·格林尼亚经过8年的刻苦奋斗,终于发明了以他的名字命名的"格氏试剂",并由此荣获诺贝尔奖,成为著名的化学家。

当然,毅力不单是一种习惯,而且是一种志气、一种理想、一种追求。逃避问题,怕付出努力,就是在逃避发展,逃避成功。

有一个名叫卡尔森的推销员,千方百计要把自己的阀门推销给芝加哥的一家糖果厂,而该糖果厂使用另一个牌子的阀门已有25年的历史。

但卡尔森不是那种有困难就逃开的人,在他锲而不舍地追问下,该厂总机械师终于答应试用。结果,这一试用就为卡尔森带来了他从事推销以来最大的一笔业务。

卡尔森用坚忍不拔的勇气取得了令人惊奇的业绩。

可见,毅力具有锲而不舍、无坚不摧的特点,它能使创新活动在困境中得以持续发展,在险途上始终拥有前进的动力。著名的发明家爱迪生认为:"伟大人物最明显的标志就是他坚强的意志,不管环境变换到何种地步,他的初衷与希望仍不会有丝毫的改变,而终于克服种种障碍,达到期望的目的。"

1844年,莫尔斯在美国首次成功地进行了长途电报通信,此后,电报得到了广泛的应用。可是美中不足的是电报只能传递电码,不能用电直接传递人的语音。而这个伟大的设想最终由苏格兰青年亚·贝尔完成了。

贝尔出生在声学世家,他在爱丁堡大学和伦敦大学攻读的也是语音学。他曾经设想发明一种"可视语音",而且在实验时发现了一个十分有趣的现象:每当电流接通和截止时,螺旋线圈会发出一些噪音。贝尔是个有心人,一个更大胆的设想在他的脑海里出现:如果能使电流强度的变化模拟出声波的变化,那么用电传送语音就能实现了。

可是他的这个富有创造性的设想却被电学界的行家们嗤之以鼻,他们取笑他一点也不切实际。面对这种种冷嘲热讽,贝尔并不泄气,他寻到年轻的电气工程师沃特森做帮手,两人一心一意搞起实验来。

他们把一间闷热的小屋当作实验室。一边研究电声转换原理,一边设计制作实用的机械。他们花了两年的心血,终于制成了两台十分粗糙的样机。然而在实地试验时,任凭他俩怎样大声地呼叫,样机也依然没有反应。

面对这可怕的失败,两人苦苦地思索着原因。他们用力观察着所有的可能性,最终以敏锐的洞察力发现他们的送话器和受话器灵敏度太低,所以声音微弱,难以辨别。于是,贝尔马上设计了一个助音箱,但一时找不到合适的制作材料,他们就把床板拆下来。做好木箱后,他们又改制机器,就这样两天两夜没有合眼,新机器终于改制完工。

1875年6月2日傍晚,这是个令人难忘的时刻,在这次试验中隔着好几个房间,沃特森终于清晰地听到了贝尔在另一端的热切呼唤。电话机可听见声音了,两人欣喜若狂。

就这样,经过艰辛的劳动,经过百折不挠的努力,设想终于变为现实。贝尔和沃特森,以他们的智慧和毅力,为人类献上了一份厚礼。

创造往往就是这样,有时只差一点,如果你坚持下去,就会获得成功。具有坚强毅力的人,善于在思想上自我除锈,使思维保持正确和灵活的状态,这一点正是他超常之处。罗曼·罗兰曾说:“真正的光明不是没有黑暗,而是永不被黑暗所遮蔽;真正的英雄不是没有挫折,而是永不被挫折所击败。”

毅力还表现在对自己弱点的自我克服上。

江苏省如东县兵房小学的学生陆冬辉在9岁那年,因为无意被悬在上空的高压线放电击倒,经抢救,双臂被高位截肢。

在痛苦的挣扎之后,小冬辉决定开辟一条新的人生道路。没有双臂就启用自己的双脚。

说起来容易,做起来很难。冬辉把书放在床上,一只脚压住,另一只脚翻页。可是两只脚笨拙得很,不是翻许多页,就是把书弄扭歪了。他气得一脚把书踢出去,他恨自己。

妈妈耐心地劝他:“要耐心,要有个过程。小时候学走路的时候,也是一两个月才学会的。吃饭拿筷子不也要反复的练习吗?这些都很正常,不要灰心,坚持一两个月,就不会是现在这样了。”

冬辉再次坚定信心。一个月,就能熟练翻书了,两个月,就能夹笔写字了。以后,慢慢地,他学会了用脚处理日常生活的许多事。

一年后,也就是1989年10月,他在作文本上写下了一篇800多字的作文。1993年小学毕业统考,他以优异成绩考入初中。1994年7月,他荣获国家教委、中国福利会颁发的"全国百名好少年"称号。

毅力就是坚持不懈,就是勤奋刻苦,大凡有成就的人都有一股坚忍不拔的精神,他们知道"坚持到底就是胜利"的含义。坚持不是固执,它是一种耐力,一种不怕失败的勇气。在奋斗的过程中,也许你并不能看到成功的结果,但是你的毅力让你发挥最大的潜能,而这种潜能往往就是创造的源泉。

创新人才应具备永不坠落的青云之志和永不熄灭的毅力之火。在艰难曲折的创新活动中,我们必须知难而进、百折不挠、始终如一地朝着既定的目标迈进。

7 承受挫折,"苦"中求"甜"

卢梭说:磨难,对于弱者是走向死亡的坟墓,而对于强者却是生发壮志的泥土。胸襟宽广,可以承受挫折的人,常常把磨难化作双翼,而后一飞冲天。即使他们所处的环境恶劣至极,他们也依然笑对世界,随所有的压力,用刻苦和智慧使自已成长起来。

而对于创新的人来说,正因为前进的道路上有各种困难,才需要激活思维,去开创出一片崭新的天地。正如一句古诗所写"梅花香自苦寒来"。苦难和挫折并不会永久地跟着一个人一辈子,只要你能够随暂时的痛苦,用一种积极的态度去处事,希望必定会出现。

苦难常常会变成巨大财富,因为苦难中包含着希望,只要你认真地分析失败的原因,你会发现更有创造力的成功。

挫折承受力是一种胸襟，聪明的人在遇到困境时，不会怨天尤人，不会颓废消沉，他会承受所有的不快，把它收集起来，寻找其中最有价值的东西，待到时机成熟的时候，他便会用这些挫折之精华去开创美好的前程。

19世纪末，英国的伦敦，诞生了一个不幸的男孩。出生后一年，父母离婚，他跟了母亲。然而母亲又在他6岁时精神失常被收入精神病院，他也被收入孤儿院。他自小当过药店的徒工、旅馆的服务生、书店的伙计、玻璃厂的零工、印刷厂的学徒。他的童年饱尝都市里的苦难，没有一个正常儿童应有的欢乐，但他后来却发现了对付这一苦难的唯一有效的办法，他掌握了笑的秘诀。后来，他就把他的笑拍成电影。他的每一部影片均在世界范围内拥有3亿观众。他征服了观众，征服了世界。他就是卓别林。

与此相似的是东北人赵本山的诞生。他6岁丧母，8岁离父，生活颠沛流离，无所依托。他铲过地，种过田，唱过戏，饱尝了黑土地上的艰辛，成人后他演起了小品，模仿起可怜、可悲、可爱的小人物。他把生活融入了小品中，每一个小品借助20世纪的电视技术，仅在中国至少拥有9亿观众。

挫折不是绊脚石，而是你前进的动力，它能砥砺人的意志，使之更加成熟、坚强。挫折承受力强是个人事业成功的重要心理品质。挫折承受力强的人，能够忍受或排解重大的挫折和障碍，用理智的态度、正确的策略方法，并以积极的行动战胜它，从而获得成功。而挫折承受力弱的人遇到轻微的挫折，就会情绪烦乱，不知所措，反而把事情弄得一塌糊涂。

8　绞尽脑汁，出奇制胜

当我们面对新知识、新事物或新创意时，千万别将脑袋密封，置之于不顾，应该将你的思路打开，接受新知识、新事物。一个奇妙的想法，一个小小的改变，往往会产生意料不到的效果。

纵观商业发展的历史，很多成功的企业，究其经营的秘诀，无不是推陈出新，以独创之奇、之新制胜。尤其是从20世纪中后期以来，市场竞争异常激烈，推陈出新作为经营方法和竞争手段更是赫然在目。发展的契机总是伴随着独创的头脑而来的，独创并不是非常高深，非常神秘的东西，关键是要我们有这种独创的意识。

松下幸之助创业之初是由生产电插头起家的，由于插头的性能不好，产品的销路大受影响，不多久，他就陷入三餐难继的困境。

一天，他身心俱疲地独自走在路上。一对姐弟的谈话，引起了他的注意。姐姐正在烫衣服，弟弟想读书，但是那时候的插头只有一个，用它烫衣服就不能开灯，两者不能同时使用。弟弟吵着说："姐姐，您不快一点开灯，叫我怎么看书呀？"姐姐哄着他说："好了，好了，我就快烫好了。""老是说快烫好了，已经过了30分钟了。"姐姐和弟弟为了用电，一直吵个不停。松下幸之助想：只有一根电线，有人烫衣服，就无法开灯看书，反过来说，有人看书，就无法烫衣服，这不是太不方便了吗？何不想出同时可以两用的插头呢？他认真研究这个问题，不久，他就想出两用插头的构造。试用品问世之后，很快就卖光了，订货的人越来越多，简直是供不应求。他只好增加工人，也扩建了工厂。松下幸之助的事业，就此走上稳步发展的轨道，逐年发展，利润大增。

提到创新，就会联想到发明创造，因此有些人总是觉得神秘，很多人会马上想到："那是专家的事。"实际上，这种想法是十分错误的。在当今，创造活动已经不再是科学家、发明家的专利了，它已经深入到普通人的生活中，很多人都可以进行创造性的活动，生活、工作的各个方面都可以迸发出创造性的火花。

美国有一间牙膏公司，产品优良，包装精美，深受广大消费者的喜爱，营业额蒸蒸日上。记录显示，前十年每年的营业增长率为100％，令董事部雀跃万分。不过，业绩进入第十一年、第十二年及第十三年时,则停滞下来,每个月维持同样的数字。董事会对此三年业绩表现感到不满,便召开全国经理级高层会议,以商讨对策。

会议中,有名年轻经理站起来,对董事会说:"我手中有张纸,纸里有个建议,若您要使用我的建议,必须另付我5万元!"总裁听了很生气地说:"我每个月都支付你薪水,另有分红、奖励,现在叫你来开会讨论,你还要另外5万元,是否过分?""总裁先生,请别误会。若我的建议行不通,您可以将它丢弃,一分钱也不必付。"年轻的经理解释说。"好!"总裁接过那张纸后,阅毕,马上签了一张5万元支票给那年轻经理。那张纸上只写了一句话:将现有的牙膏开口扩大1毫米。总裁马上下令更换新的包装。试想,每天早上,每个消费者多用1毫米牙膏,每天牙膏消费量将多出多少倍呢?这个决定,使该公司第十四年的营业额增加了32%。

创造性想象力产生思想上的创意,而创意产生财富与成就。你认为你现在想做的事是正确的,并且坚定它一定可以实现的话,就勿需左顾右盼,而要勇往直前,果断地向理想挑战,不必理会倘若失败会怎样的疑问。那么你离成功就会越来越近。

亨利·兰德平日非常喜欢为女儿拍照,而每一次女儿都想立刻看到父亲为她拍摄的照片。于是有一次他就告诉女儿,照片必须全部拍完,等底片卷回,从照相机拿下来后,再送到暗房用特殊的药品显影。而且,副片完成之后,还要照射强光使之映在别的像纸上面,同时必须再经过药品处理,一张照片才告完成,他向女儿做说明的同时,内心却问自己说:"等等,难道没有可能制造出'同时显影'的照相机吗?"对摄影稍有常识的人,听了他的想法后都异口同声地说:"哪儿会有可能。"并列举一打以上的理由说:"这纯属是一个异想天开的梦。"但他却没有因受此批评而退缩,于是他告诉女儿的话就成为一种契机。最后,他终于不畏艰难地完成了"拍立得相机"。这种相机的作用完全依照女儿的希望，因而，兰德企业就此诞生了。

成功在于人的“一念”之间。每个人都有创造的能力。在人与人之间，创造力只有大小之分，没有有无之别。在每一个人的身旁都包含着你想象不到的机会和方法，只要你不断地追求卓越，从你所看到的每件事里挖掘特点，并学到实现的做法，那么只要你愿意去创造，便能有相同的成就。

无论做什么事，只有出奇才能制胜，这是一种上乘的做事心态。出奇就是想别人所没有想到的，做别人没有做到的，只有这样，你才能在竞争中脱颖而出。而要出奇，就必须打开封闭的头脑，也许一个新的创意，就可能改进我们的工作业绩，改变我们的生活。

第十章　发展力:战胜逆境提升自我的关键

任何一个人在职场中都不可能是一帆风顺的,工作中遇到各种各样的困难在所难免。问题是面对困难应该如何解决,这才是人们所应该关注的。要明白在逆境中如何获得发展,要明白职场中的不良情绪是要不得的。要不断提升自己,时刻做一个有准备的人,这样才能获得发展。发展力是面临困难,毫不畏惧,积极面对,迎刃而解。因此,拥有发展力,是战胜逆境提升自我的不竭动力。

1 逆风飞扬，自我发展

每一个人的事业发展都不可避免地要经历风雨和坎坷，如何站稳脚跟，发展壮大，面对艰难困苦，应保持一种什么样的心态，将直接决定你的人生。

两个囚犯，从狱中眺望窗外，面对同样的际遇，一个持一种悲观失望的灰色心态，看到的自然是满目苍凉、了无生气；另一个持一种积极乐观的明快心态，看到的自然是星光万点、一片光明。

人生在世，困难、挫折不可避免，关键看你是想战胜它，还是甘愿忍受它的摆布。做出不同的选择将会有不同的命运在等待着你。

第二次世界大战期间，有位犹太裔心理学家被关押在纳粹集中营里受尽了折磨。父母、妻子和兄弟都死于纳粹之手，仅剩一个妹妹。当时，他本人常常遭受严刑拷打，死亡之神随时都会降临于他。

有一天，他独处囚室时，忽然悟出了一个道理：就客观环境而言，我受制于人，没有任何自由；可是，我的意识是独立的，我可以自由地决定外界刺激对自己的影响程度。后来他发现，在外界刺激和自己的反应之间，他完全有选择如何做出反应的自由与能力。

于是，这位心理学家靠着各种各样的记忆、想象与期盼不断地充实自己的心灵和生活。他学会了心理调控，不断磨炼自己的意志。因此，他的自由心灵早已超越了纳粹的禁锢。

每个人都有自己的特殊的工作和使命，他人是无法取代的。生命只有一次，不可重复。因此，实现人生目标的机会也只有一次。归根到底，实际上不是我们询问生命的意义何在，而是生命正在向我们提出质疑，它要求我们回答：我们存在的意义何在？所以，我们只有对自己的生命负责，才能理直气壮地问答这一问题。

其实,在你的精神活动领域,在你的日常生活里,在你所从事的事业中,在你渴望成功,甚至正在走向成功的道路上,都有一个永恒不变的法则在伴随着你,那就是:你是自己命运的主宰,你是自己人生态度的主宰。

人的一生,或多或少,总是难免有浮沉,不会永远如旭日东升,也不会永远痛苦潦倒,反复地一浮一沉,对于一个人来说,正是一种磨炼。所以,如果我们能保持一种健康向上的心态,即使我们身处逆境、四面楚歌,也一定会有"山重水复疑无路,柳暗花明又一村"的那一天。

第二次世界大战时,有个士兵在一次战役中被炮弹碎片刮伤喉咙。他写了张纸条问医师:"我会活下去吗?"医师回答说:"会的。"他又问:"我仍可以讲话吗?"他又得到了肯定的答复。于是这个士兵在纸上写道:"那我还有什么好担心的呢?"

是啊!我们为什么不也停止忧虑,对自己说:"我还有什么好担心的呢?"也许你就会发现,你所面临的逆境其实微不足道,不值得操心。

拿破仑·希尔曾说:"每种逆境都含有等量的成功的种子。"试想,生活中是否曾经有些事情似乎有巨大的困难或不幸的经历,它们却鼓舞着你取得了成功和幸福;倘若没有这些东西,你可能反而不会取得这种成功和幸福。

在逆境中,经过种种苦难的考验,在徘徊中看到的希望,能够激励我们取得成功。大科学家爱因斯坦在逆境中也要追求希望,因为牛顿的定律不能解答他的一切问题,所以他不断地探究自然,终于提出了相对论。根据这种理论,人们找到了击破原子的方法,懂得了质量与能量相互转换的关系,并成功地征服了空间,解决了许多令人费神的问题。如果爱因斯坦没有这种坚信每朵乌云背后都必有阳光的信念,这些成就是不可能取得的。

虽然我们的奋斗结果不一定能改变客观世界,但它却能改变我们的内心世界,使我们能沿着自己的心灵之路前进。

多少年来,人们一直以为在四分钟内跑完一英里是件不可能的事。但在1954年,罗杰·班纳斯特就敢于说"不",他看到了逆境中的希望,打破了这个障碍。他能创造这项佳绩,除了得益于体能上的苦练，还归功于精神上的突破。在此之前，他曾在脑海中多次模仿四分钟跑完一英里，长久下来便形成极为强烈的信念，因而对神经系统有如下了一道绝对命令，必须完成这项任务。他果然做到了大家都认为不可能的事。更让人惊奇的是，在班纳斯特打破纪录后的二年里，竟然有近四百人进榜。可见，一旦见到阳光的照耀，乌云便会被迅速地驱散。

人生没有一帆风顺，要想事业兴旺发达，必须具有逆风飞扬的豪迈气概。这样，你本身才能不断地发展，不断地完善；同时，你的事业也才能做强做大，茁壮成长。

2 在发展中挑战自己

人生原本就是在不断的挑战中使自己逐渐成熟、壮大的，只有勇于向不可能挑战的人，才能扼住命运的喉咙，成为生活的强者。

一位作家说："逆境要么使人变得更加伟大，要么使人变得非常渺小。困难从来不会让人保持原样。"但是一般人在境遇不如意的时候，最自然的反应就是抱怨和放任自留。

一位运动员在一次比赛中成绩一落千丈，他开始烦躁起来。他整天在家阴沉着脸、闷闷不乐。他抱怨，抱怨事事都那么艰难。教练把他带进厨房。教练先往三只锅里倒一些水，把它们放在旺火上烧。不久锅里的水开了。他往一只锅里放些白萝卜，第二只锅里放鹌鹑蛋，最后一只锅里放入碾成粉状的咖啡豆。教练将它们浸入开水中煮，一句话也没说。运动员咂咂嘴，不耐烦地等待着，纳闷教练在做什么。大约 20 分钟后，教练把火关了，把白萝卜捞出来放入一个碗内，把鹌鹑蛋捞出来放入另一只碗，然后又把咖啡舀到一个杯子里。做完这些后，教练才转过头来问他，"你看见什么了？""白萝卜、鹌鹑蛋、咖啡"他回答。

教练让运动员用手摸摸白萝卜。运动员摸了摸，注意到它们变软了。教练又让运动员拿起鹌鹑蛋,将壳剥掉后,运动员看到的只是煮熟的鹌鹑蛋。最后教练让运动员啜口咖啡。品尝到香浓的咖啡,运动员笑了。他怯声的问道:“教练,这意味着什么?”

教练解释说,这三样东西面临同样的逆境——煮沸的开水,但反应各不相同。白萝卜入锅之前是强壮的,结实的,毫不示弱。但进入开水后,它变软了、变弱了。鹌鹑蛋原来是易碎的。它薄薄的外壳保护着它呈液体的内脏,但是经开水一煮,它内脏变硬了。粉状咖啡豆则是独特的,进入沸水后,它们倒改变了水。“你属于哪一个类型呢?面对逆境,你是退缩了、变软弱了,还是变得更加坚强了,或改变逆境,让自己变得更有出息了,并使周围的情况也随之变好了?”教练问。运动员这时才恍然大悟。

一个人要想有所成就,必须经过一番艰难困苦的洗礼。翻开历史看一下,哪一个成功人士不是从命运的逆境中走过来的。逆境对于强者是一架桥,对于弱者则是一堵墙,把墙推倒了就变成了桥。战胜人生中的不可能使自己迈向成功,这需要勇气、需要力量、更需要一种智慧。

从某种意义上说,人不是活在物质世界里,而是活在自己的精神世界里。如果自己精神垮了,那就没有人救得了自己,包括人们所信奉的“上帝”。

阿尔伯特是一名犹太籍的心理学家。在二战期间,由于纳粹的疏忽,使他幸免于难,然而他却没能逃脱纳粹集中营里的惨无人道的折磨。他曾经绝望过,集中营里只有屠杀和血腥,没有人性、没有尊严。那些持枪的人杀人不眨眼,像野兽一样疯狂地屠戮着战俘,无论是怀孕的母亲,刚刚会跑的儿童,还是年迈的老人。他时刻处在恐惧中,这种对死的恐惧让他感到一种巨大的精神压力。集中营里,每天都有因此而发疯的。阿尔伯特知道,如果自己不去控制好自己的精神,也难以逃脱精神失常的厄运。

有一次，阿尔伯特随着长长的队伍到集中营的工地上去劳动。一路上，他产生一种幻觉，晚上能不能活着回来？是否能吃上晚餐？他的腰带断了，能不能找到一根新的？这些幻觉让他感到厌倦和不安。于是，他强迫自己不去想那些倒霉的事，而是刻意幻想自己是在前去演讲的路上。他想象自己来到了一间宽敞明亮的教室中，他精神饱满地在发表演讲。

他的脸上慢慢浮现出了笑容。阿尔伯特猛然警醒，这是久违的笑容。当他知道自己也会笑的时候，他也就知道了，他不会死在集中营里，他会活着走出去。当从集中营中被释放出来时，阿尔伯特显得精神很好。他的朋友不相信，一个人可以在魔窟里保持年轻。

这就是心境的力量。有时候，一个人的精神可以击败许多厄运。因为对于人的生命而言，要存活，只要一箪食、一钵水、一口气足矣。但要存活下来，并且要活得精彩，就需要有宽广的心胸、百折不挠的意志和化解痛苦的智慧。

克洛克先生是世界著名的麦当劳汉堡连锁店的创办人。他的两段座右铭，第一个是他的祖母和他在花园中工作时，她经常说出的一段："只要你还嫩绿，你就会继续成长；一等到你成熟了，你就开始腐烂。"

克洛克先生的第二个座右铭是："坚持到底——在这个世界上，没有任何事物能够取代毅力。能力无法取代毅力，这个世界上最常见到的莫过于有能力的失败者；天才也无法取代毅力，失败的天才更是司空见惯；教育也无法取代毅力，这个世界充满具有高深学识的被淘汰者。光是毅力加上决心，就能无往不胜。"

由这个座右铭就可明白为什么毅力如此重要，并被列为成功的一个最佳秘诀。每个人都希望成功，但却只有少数人愿意努力、付出代价以及从事应该做的工作。

3 在沉静中突破困厄的包围

困厄可以将一个人击垮,也可以使一个人重新振作。这就看这个人如何去看待困厄及如何处理。美国一位著名学者曾说:人世中的不幸如同一把刀,它可以让人使用,也可以将人割伤,那要看这个人是抓住刀刃还是握住刀柄。

一位心理学家说:在讨论处理困难之事以前,我必须告诉你,人生有这些困难仍然是值得你高兴的。人世中若没有这些,实在就不配称为人生。虽然困境有其令人难以接受的一面,但人生中成长及方向却又不可缺少困难的磨炼。

面对难题时,首先自己必须要冷静,做到沉着面对。如果这时内心无法保持冷静,则无法有效处理问题。通常有些人遇到难题时总是急躁不安。他们总会想着这问题须立刻解决,必须采取某些行动。

当一个人心慌意乱时,想要找出理性的答案,似乎是不可能的。唯有平静下来,才能真正的面对问题,这才是理性思考。

因此,学习沉默应付难题的方法很重要。卡莱尔曾说:沉默是伟大事物的基本要素。沉默可以调整人的心灵,使得犀利睿智的见识能够在心中浮现。神圣的心灵感受通常以一种寂静微弱的声音说出,所以当处于纷扰不安之中,则无法知道心灵的意志,也无法明白到底如何做。因此,主要的诀窍是让自己能完全放松,深入心灵的静默中,如此便能冷静思考。然后,便能掌握住大方向,困厄自能迎刃而解。

日本便是能将沉静发挥透彻的民族,他们能安静沉着地面对困厄。最近,有位教授特别花了时间研究日本人安静沉着的技巧。如何保持安静,对日本人来说,是重要的礼仪之一。即日本人说的“清凉感觉”,或者“振奋”。所以当自己遇到问题时,必须先让自己冷静下来。要冷静下来,当然首先自己要能“冷”,这的确是一个伟大的想法。

通常在夏日的黄昏，日本人的第一件事便是在日式浴室中洗热水澡。浴室则像一个小池塘，每个人都在这里沐浴，使身心安静松弛下来。一旦身体放松沉静后，人立即会觉得胸襟开朗许多，甚至每个毛孔都是舒服的。

然后，走出浴室，穿上棉质和服，进入一间小房间，里面放有家具，坐在榻榻米上，安静倾听风铃清脆的声音，凝视着灯笼在上方摆动的姿态。

接下来，日本人手中捧一杯清茶，不像美国人一样大口大口喝，而是小口小口地慢慢啜饮。日本人喝茶很慢，因此也发展出一种茶道艺术。这样的方式是要使人暂时陷入恬然的静思中，放松自己，则可逐渐进入平和宁静中。此时，话说得少，多是在冥想。这种方式之下，人的心中逐渐能集中思考不同问题，暑气带来的烦躁也消了，这便是所谓的“清凉感觉”。在这个时候，解决困厄最是容易，沉静的态度最易得到健全的答案。

其实，所有宗教都提到这一点。天主教、基督教、犹太教，本源均来自东方。《圣经》中也曾提到“宁静致远”的价值。例如《马太福音》第六章第三十一节有如下的话：“耶稣对门徒说，你们将家人留下，到荒野里去休息一下。”

许多美国人，如想寻找宁静，最好的去处是到教堂。然后，集中心意想到上帝出现。然后，把所有错误思想都洗刷干净，要宽恕原谅每个人，平静地说：“我宽恕……”下面说那个人的名字。而后再回想一些值得感谢的事，以及那些需感恩的人。很多人在创造性沉静中去进行这项试验，证明了这是处理问题不错的方法之一。

运用自己的心智，便可以击败任何困厄。不论自己的处境如何，或有多么绝望，这种精神攻克，通过让心境沉静放松下来，一定可以得到解决问题的方法，而且也是正确的。

4 经受逆境是一种幸运

生活中遭遇顺境，当是幸运，那遭遇逆境呢？关键还是在于个人，因为人生不可能随时随地都处在顺境之中。有时候，经受逆境，也是一种幸运。

父亲带着儿子去参观梵·高故居。在看过那张旧式的小木床及裂了口的皮鞋之后，儿子问父亲："凡·高是不是一位百万富翁？"父亲答："梵·高是位连妻子都没娶上的穷人。"

一年之后，这位父亲又带儿子去丹麦参观安徒生的故居，儿子又困惑地问："爸爸，安徒生不是生活在皇宫里吗？"父亲答："安徒生是位鞋匠的儿子，他就生活在这栋阁楼里。"

这位父亲是一个水手，他每年往来于大西洋各个港口。他的儿子就是美国历史上第一位获得普利策奖的黑人记者伊尔·布拉格。

二十年过去了，布拉格在回忆童年时说：那时我们家真的很穷，父母都靠出卖苦力为生。有很长一段时间，我一直认为像我们这样地位卑微的黑人是不可能有什么出息的。好在父亲让我认识了梵·高和安徒生，这两个人告诉我，上帝没有这个意思。促使布拉格成功的无疑是那两位贫贱的名人。

造化有时会把它的宠儿放在下等人中间，让他们操着卑微的职业，使他们远离金钱、权力和荣誉，可是在某个有意义有价值的领域中却让他们脱颖而出。

有人说："在最黑的土地上生长着最娇艳的花朵，那些最伟岸挺拔的树林总是在最陡峭的岩石中扎根，昂首向天。"人们所经历的每一次不幸并非都是灾难，早年的逆境通常对于人生来说是一种幸运。与困难作斗争不仅磨破了我们稚嫩的双手，也为日后更为激烈的竞争准备了丰富的经验。

在现实生活中,我们常看到这样的人,他们常因自己生活中扮演角色的卑微而否定自己的智慧,因自己地位的低下而放弃儿时的梦想,有时甚至因被人歧视而消沉,因不被人赏识而苦恼。其实造物主常把高贵的灵魂赋予卑贱的肉体,就像人们在日常生活中,总是把贵重的东西藏在家中最不起眼的地方。

“饥饿没有什么可怕的,爸爸。”一个耳聋的男孩苦苦地央求父亲把他从救济院接回去,圆自己上学的梦想。“我们会生活在一个物资充足的社会中,并且,我知道怎么样来阻止饥饿。至少穷人都是长期靠一点点糖果来维持生存,感到饿得难受时,他们就用一根带子把自己的肚子勒紧,不是吗?为什么我不可以这样?”

这个可怜的耳聋男孩就是基托,然而,正是这个曾经饱受饥饿折磨的孩子,最后成了名扬世界的圣经学者。

人不是铁打的,总会有伤心难过的时候,那怎么办?大哭一场吧!将难过和悲伤都哭光,接下来又可以挺起身去和生活抗争。

有一个漂亮女孩在青春年少时,得了肝病。祸不单行的她,住院不久后,男友也离她远去。

她痛不欲生,但最终还是决定要好好地坚强活下来。在身体康复的过程之中,她又认识了现在深爱她的老公。

曾有的疾病,令她更懂得珍惜现在拥有的幸福婚姻。后来,她对朋友说:“如果没有生那一次病,我也许早和以前的男友结婚,而现在可能又离婚了。”

著名考古学家谢利曼年轻时在一家公司任职,有了经济基础以后便向自己一直暗恋着的著名影星敏娜求婚,不料敏娜早已和别人订婚。这是他一生中不能挽回的一次情感失败。后来,他依然坚强地走出了这段不愉快的回忆,全身心地积极从事贸易,更加努力研究语言学,为发掘特洛伊遗迹日夜工作。经历过感情的失败,他并没有倒下,用更坚强的意志投入商业,他在经商贸易中获得大笔利润,业务蒸蒸日上,不久便成为商界的巨富。但他并不因此稍有懈怠,反而更勤奋地学习古希腊和拉丁语,为实现其少年时代之梦想而坚持不懈地努力着。

42岁时,谢利曼为了能够顺利地发掘特洛伊遗迹而做了大量的准备工作。谢利曼说:“现在我所拥有的财富,已经无比丰厚,表示我从少年时一直梦想得到的果实已经成熟了。回想经商之初,生活虽然忙碌紧张,却一刻也不曾忘记特洛伊遗迹,我有决心一定会达到目标。

“过去的我由于经济不宽裕,这使得我致力于累积财富,以此作为实现美梦的基础,现在金钱财力对我似乎已经不再成为难题,目标好像俨然近在眼前,所有的血汗将不会白流。对于经商贸易,我将不再多费心力,我将把后半辈子投入使美梦成真的行动中。”谢利曼无比激动地说,“要下这样的决心,所遭遇的困难简直是一言难尽,尽管一次又一次遭受失败的打击,但我总是咬紧牙关去克服,盼望早日达到目标,完成我用一生做赌注的伟大理想。”

谢利曼终于成功地实现了自己的梦想,特洛伊遗迹的出土,为世界考古学做出了辉煌的贡献。

处在逆境时,不同的人会有不同的表现。有的人会为脱离逆境而奋斗,有的人却会因无法克服逆境而堕落下去。当然,能成功的一定是面对逆境几乎面不改色,并能勇往直前的人,自暴自弃毁灭自己的必然是向逆境屈膝,没有采取任何改变现状的行动的人。

人的性格也并非天生就如此,而是看其所生活的周围的环境如何而决定。不管环境怎样变化,只要你能够做到始终认为自己一定要成功那么最后你一定会成功。凡事应该认真奋斗,否则会被环境压垮,而无法成功,尤其被环境压垮时,人的意志容易消沉。最重要的是,越处于逆境中越要有想挣脱出来的那种强烈意志。

法国著名作家福楼拜曾这样激励人们:“你一生中最光辉的日子,并非是成功那一天,而是能从悲叹和绝望中涌出对人生挑战的心情和干劲的日子。”

成功仅仅是人们所付出的那些努力的一个成果而已。这个世界上最美的并不是成功，而是能在逆境中保持继续奋斗努力的精神。

5 挫折是一种催人奋进的动力

在人的发展过程中，挫折是在所难免的。一个人是否坚强，重要的不是他能否避免挫折，而是其在挫折面前能否采取积极进取的态度。

挫折乃至失败对于一个人而言并不可怕，可怕的是他因为经历了挫折和失败而变得失望，以致放弃了自己应该有的追求。

当你遇到挫折时，最好的做法也是最正确的应该是审视自己所遭遇的挫折或失败，把挫折踏在脚下，把它变成走向成功的阶梯，从此出发，重建自信，重新加入生活的战斗。

几年前，美国南卡罗来纳州的一个学院邀请美国的一位重要人物向学生发表演说。这个学院规模不大，整个礼堂坐满了学生，他们为有机会聆听一个大人物的演说而兴奋不已。演讲开始，一位衣着典雅的女士走到麦克风前，扫视了一遍听众，说："我的生母是聋哑人，因此没有办法说话，我不知道自己的父亲是谁，也不知道他是否还在人间。对我来说，生活陷入艰难之中，而我这辈子的第一份工作，是到棉花田去做事。"

此时，台下一片寂静，听众显然都惊呆了，没有人想到这位重要人物的经历竟是那么的不平坦。

"如果情况不尽如人意，我们总可以想办法加以改变。"她继续说，"一个人的未来怎么样，不是因为运气，不是因为环境，也不是因为生下来的状况。"她重复着方才说过的话，"如果情况不尽如人意，我们总可以想办法加以改变。

"一个人若想改变眼前充满不幸或无法尽如人意的情况，那他只要回答这样一个简单的问题：'我希望情况变成什么样?'确定你的希望，然后就全身心投入，采取行动，朝着你的理想目标前进即可。”

随后她的脸上绽出美丽的笑容：“我的名字叫阿济·泰勒·摩尔顿，今天我以美国财政部长的身份，站在这里。”

许多人或许与阿济·泰勒·摩尔顿有着同样的生活体验。其实，苦难并不可怕，可怕的是你面对苦难而萎靡不振，倒下了爬不起来，或者担心爬起来还会跌倒，于是干脆躺下不起来。其实，无论何时，只要你积极地朝着希望前行，逆境就可以成为你前进的动力，带你驶向理想的目标。

当巨大的压力、非常的变故和重大的责任压在一个人身上时，隐伏在他生命最深处的种种能力，就会突然涌现出来，使他表现得比平日更为优秀，更为出色。

人的本性中有一种力量除非遭到巨大的打击和刺激，否则是永远不会显露出来，永远不会爆发的。这种神秘的力量往往深藏在人体的最深层，每当人们受了讥讽、凌辱、欺侮以后，这种力量便会释放出来，使人们能完成以前所不能做的事。

艰难的情形、失望的境地和贫穷的状况，让许多人折戟沉沙，铩羽而归，但同时也曾经造就了许多历史伟人。假使拿破仑在年轻时没有遇到什么窘迫、绝望，那么他决不会那么多谋、镇定、刚勇。巨大的危机和事变，往往是催生出许多伟人的温床和摇篮。

一个成功的商人说，他在自己一生中所获得的每一个成功，都是与艰难的环境进行激烈斗争的结果，所以，他现在对那些不费力而得来的成功，反倒觉得有些靠不住。他认为，只有在克服了障碍以及种种缺陷，经历了艰苦奋斗而获取的成功才能真正给人以喜悦。他喜欢做艰难的事情，主要是因为艰难的事情可以检验他的力量，考验他的才干；相反，他并不太喜欢容易的事情，因为不费力的事情，不能给他带来振奋精神、发挥才干并且不断磨砺自己的机会。

曾有一个年轻人，原来家境非常贫寒，因此在他四年的大学过程中，常被那些家境富裕的同学开玩笑，他们不是取笑他衣衫褴褛，便是讥笑他穷相毕露。面对同学们这样的讥笑，他不为讥讽所屈服，而是立志要做世上的一个伟人。

后来，这个青年果然获得了成功。他说，自己在学生时代所受的种种讥笑反倒成了对他的最好激励，周围人的取笑却激发了他的雄心壮志。

处在绝望境地的奋斗，最能启发人潜伏的内在力量，没有这种奋斗经历的人，便永不会发现自己真正的力量。如果林肯生长在一个庄园里，进过大学，他也许永远不会当上美国总统，也永远不会成为历史上的伟人。因为如果一个人处在安逸舒适的生活中，便会容易生产一种错误的认识，认为世间的一切不需要自己的多少努力，不需自己的个人奋斗。林肯之所以这般伟大，正是因为他不断地与逆境苦斗的结果。

在当今世上，不知道有多少人总是把自己所取得的成就归功于障碍与缺陷。因为如果没有那生活中障碍与缺陷的刺激，他们也许只会发掘出自己才能的四分之一，但一遇到外界的强烈刺激，他们便会把其他四分之三的才能也开发出来了。

历史上有许多名人把挫折当作一种动力，从而成功地补救了身体上的缺陷，并且养成了可贵的品格，造就了一番丰功伟绩。一些相貌极平凡的女子、甚至长相丑陋的女子，往往能在学业和事业上进行不懈的努力，最后竟能做出意想不到的事业来。

有一个残疾人，生来就没有手和脚，竟能取得超过常人般的成就。因为好奇心的驱使，有一个人特地去拜访他，看他怎样行动，怎样吃东西。谁知残疾人睿智的思想、动人的谈吐，竟叫那个客人听了十分惊异，完全忘掉了他是个残疾人。

特殊缺陷与困难的刺激，并不是人人都会有的，所以世界上真正能发现“自己”，把自己潜在的巨大能量释放出来的人并不多见。有许多人连做梦也没有想到自己身体里面蕴藏着巨大的能量，有些人甚至到死也发现不了，这是一种莫大的悲哀。挫折是一种催人奋进的动力。当身处逆境或发现自身的缺陷时，你应正视生活，把它当作对自己的激励。

6 走过发展中的“黑暗里程”

无论穷人或者富人都会遇到挫折。失意时会遇到挫折,高兴时也会遇到挫折。挫折如影随形伴随我们左右,防不胜防。人的成长总要遇到各式各样的挫折:生存的挫折、情感的挫折、创业的挫折、意外事故的挫折……面对各种各样的挫折如何应对?是逃避,还是面对?如果你处处逃避,最终,你将无路可逃。如果你经历了挫折,并且战胜了挫折,那么你得到的不仅是战胜挫折本身,而且还学到了战胜挫折的本领,如此发展,挫折也会远离而去。

成功者同失败者唯一的区别,那就是不畏挫折。了解了这一点,你就不应该自卑和逃避。成功者也曾经历过失败、沮丧、自卑。

乔伊斯想在大西洋的海底铺设一条连接欧洲和美国的电缆。

乔伊斯首先做了一些前期基础性的工作,包括建造一条一千英里长,从纽约到纽芬兰圣约翰的电报线路。纽芬兰四百英里长的电报线路要从人迹罕至的森林穿过,所以,要完成这项工作不仅包括建一条电报线路,还包括建同样长的一条公路。此外,还包括穿越布雷顿全岛共四百四十英里长的线路,再加上铺设跨越圣劳伦斯海峡的电缆,整个工程十分浩大。乔伊斯使尽浑身解数,总算从英国得到了资助。随后,乔伊斯的铺设工作就开始了。电缆一头搁在停泊于塞巴斯托波尔港的英国旗舰“阿伽门农”号上,另一头放在美国海军新造的豪华护卫舰“尼亚加拉”号上。不过,就在电缆铺设到五英里的时候,它突然卷到了机器里面,被搞断了。

乔伊斯不甘心,进行了第二次试验。试验中,在铺好二百英里长的时候,电流中断了,船上的人们在甲板上焦急地踱来踱去,好像死神就要降临一样。就在乔伊斯即将命令割断、放弃这次试验时，电流又神奇地出现，一如它神奇地消失一样。夜间，船以每小时四英里的速度缓缓航行，电缆的铺设也以每小时四英里的速度进行。这时，轮船突然发生了一次严重倾斜，制动闸紧急制动，不巧又割断了电缆。

但乔伊斯并不是一个在挫折面前低头的人。他又购买了七百英里的电缆，而且还聘请了一个专家，请他设计一台更好的机器。后来，在英美两国的机械师联手下才把机器赶制出来。最终，两艘军舰在大西洋上会合了，电缆也接上了头。随后，两艘船继续航行，一艘驶向爱尔兰，另一艘驶向纽芬兰，在此期间，又发生了许多次电缆割断和电流中断的情况，两艘船最后不得不返回爱尔兰海岸。

在不断的挫折面前，参与此事的很多人一个个都泄了气，公众舆论也对此流露出怀疑的态度，投资者也对这一项目没有了信心，不愿再投资。这时候，又是乔伊斯，又是他百折不挠的精神，和他天才的说服力，使这一项目得以继续。乔伊斯为此日夜操劳，甚至到了废寝忘食的地步。他绝不甘心失败。

于是，尝试又开始了，这次一切顺利，全部电缆成功地铺设完毕而没有任何中断，几条消息也通过这条漫长的海底电缆发送了出去，一切似乎就要大功告成了，但就在举杯庆贺时，电流突然又中断了。这时候，除了乔伊斯和一两个朋友外，几乎没有人不感到绝望的。但乔伊斯始终抱有信心，正是由于这种毫不动摇的信心，使他们最终又找到了投资人，开始了新的一次尝试。这次终于取得了成功，正是乔伊斯这种不畏挫折的精神，不断地战胜挫折，并最终创造了一项辉煌的历史。

日常生活中，人们常会看到这样一些人，面对似乎不可能战胜的挫折，都能努力设法不停地前进。这些人在前进过程中，技术日渐提高，力量不断壮大，能力不断上升，最终取得突破，而另一些却在诸如雪崩似的一系列变化面前倒了下去。挫折不会产生不可逾越的障碍，每一个困难都是一次挑战。每次挑战都是一次机遇，战胜困难就等于抓住了机遇。

在爱尔兰,有一段路的尽头是一片悬崖,所以人们称之为“黑暗里程”。在生活中,每个人迟早也要走过一段阴暗而危机四伏的路程。

人生的机遇也是如此。日子也许像朝阳一样可爱,像绵羊一样可亲。但往往在不留意时,突然遭遇打击被人误解污辱、压榨欺凌。更可怕的是,有时厄运如同车轮,无情从身上压过,让人措手不及。

遇到世途艰险、日夜不安的时候,我们该怎么办呢?行为正直善良还不够。当我们饱经饥饿,四肢乏力,不能支持下去的时候,当我们历尽艰险,无法逃遁的时候,当我们的爱恋被剥夺时,或者当我们智穷计尽、信心消失的时候,我们该怎么办呢?

在如此山穷水尽的境遇中,我们只能挺直了腰对自己说:“不要放弃,继续奋斗下去!”

美国政治家约翰·库斯晚年时,挚爱的儿子不幸逝世。他的身体本来就很孱弱,而当时美国似乎已丧失一脉相承的传统精神,人们的文化传统仿佛就要瓦解。然而他却大声疾呼:“不要绝望,即使你觉得绝望,仍要在绝望中工作下去!”

库斯的确做到了不放弃,不颓丧,不屈服,仍在绝望中继续工作。而另外一位处于困境中的人则说:“坚持下去,我们的确会得到帮助。”就这样,在不知不觉间自然的产生出力量。

虽然库斯仍怀着丧子之痛,可是乌云终会见天日,时势也会发生转变。

时间的确可以医疗许多人心头的创伤,也会改变许多事情,因而能使人们心头沉重的负担得以减轻。

有些人似乎天生不幸,比别人多了一些障碍。美国一位著名医师杰克,生下来就四肢瘫痪,不能自由操纵手足的活动,也不能说话,可是毅力使他终于克服了机能上的残障。经过不断努力和奋斗,他终于获得了美国耶鲁大学的医学博士学位,成为一名非常有名的瘫痪专家,积极帮助与他一样不幸的瘫痪症患者。他写过一本自传,书名为《生就这副怪相》。这是何等的英勇,何等的坚韧!

同样,一位与杰克医师一样得了瘫痪症的患者,在生活中没有流露自卑自怜的情绪，也没有掉眼泪。他与杰克医师一样坚强，在不断与病魔抗争的过程中，他写书，写小说，尽管身体残障，心中却有一颗明亮的星星在闪闪发光！

这两位身残志坚的人，都足以使那些胆怯、老是抱怨时运不济的人深感惭愧，他们让人们知道无论遭遇任何挫折，一定要不屈不挠。每个人生下来都会有些瑕疵，总有点挫折困难需要自己去克服。不论是普通人或者是伟人，都要自己设计自己的生活，这样，理想也许会在未来的某个时候实现。

第十一章　应变力：创造非凡业绩的妙方

一个人成败的关键，往往在于在紧要关口能够灵机一动。善施计谋巧应变，以奇招绝技化解难题。在现实中，应变是一种艺术，一种快乐和幸福；在工作和事业中，应变是一门学问，是一种智慧和谋术。应变决定成败，应变成就辉煌。

1 锻炼自身的承受能力

环境对人的影响很大，什么样的环境，就能造就什么样的人。如果不能适应环境，就会像温室里的花朵，一旦移出室外，便会枯萎而死。

人生就是一个不断适应环境、改造环境，从而完善自我的过程。我们人生的每一个转折点面临的都是一个全新的环境，而这种环境又是不断发展变化的，不以人的意志为转移的，我们唯一能做的就是改变我们自己。

适应环境不是一蹴而就的，需要一个过渡期。适应能力强的人，很快就会在新环境中找到自己的位置，促进自己的成长和发展。适应能力差的人，则会在新环境中迷失方向，甚至失去进取的信心和勇气，从此一蹶不振。

从清华大学计算机系毕业后，陈平如愿以偿地进入了国内顶级的软件公司工作。进公司后，踌躇满志的陈平为自己制定了远大的人生目标，发誓在最短的时间内出人头地。

令他意外的是，一个月过去了，他仍然没能完全适应公司这个大环境。强大的工作强度，剑拔弩张的同事关系，势同水火的上下级关系，都让他力不从心、苦不堪言。渐渐地，先前意气风发的陈平完全变成了另一个人，整天愁眉苦脸。

无奈之下，陈平走进了心理医生的办公室。经过心理医生的耐心开导，陈平终于找到了自己不能融入新环境的根源，他又对自己的前途充满了信心。

第二天一大早，陈平满脸微笑地走进公司，亲切地和上司、同事打招呼。中午吃饭时，他主动约同事一起去吃饭，一路上和他们谈笑风生。下午下班时，他也和同事们结伴而行。虽然在最初的几天，同事对他的态度并没有什么变化，但没过多久，他们之间的关系就得到了明显的改善，融洽、和谐的办公室环境让陈平露出了久违的笑容。

在新环境中，要懂得调适自己，让自己融入到新环境中。面对不利的环境时，不要一味想着逃避，因为逃避并不能解决问题，只会让自己变得越来越糟。你应该做的，是增强自己的适应能力。你必须要求自己像个演员一样，需要转换角色的时候能很快进入新的角色，这样才不会被社会淘汰。

2　学会换位思考

换位思考就是把感情移植到对方身上，站在对方的立场去看事情，以对方的心境来思考问题，像感受自己一样去感受他人，达到增加理解的目的。

体谅他人并不难。虽然多数时候，我们总是很难理解别人的想法或感受。道理很简单，立场不同，所处的环境不同，个人的观念也就不同。但只要你认真地站在对方的角度和立场上看问题就可以化繁为简，避免不必要的矛盾。

一个男人厌倦了他每天出门工作而老婆整天待在家里的生活，他希望老婆能够明白他在外面挣钱是何等的艰辛。于是，在一天早晨起床后，他跪在地上，向上帝虔诚地祈祷："万能的主啊，我每天在外面工作整整8个小时，我的老婆却在家里享福。求你发发慈悲，让我的躯体和她交换一天吧，让她看看我在外面是怎么过的。"仁慈的上帝答应了他的请求。

第二天早上醒来，他发现自己真的变成了一个女人。于是，他起床为另一半准备早餐，叫醒孩子们，为他们穿上衣服，喂早餐，装好他们的午餐，然后开车送他们上学。回家后，他把需要干洗的衣服挑出来，送到干洗店，然后去超市采购。刚进家门，顾不上休息，他又给宠物准备饭，并给它们洗澡。接着，他匆忙地整理床铺，洗衣服，给地毯吸尘，擦洗厨房的地板。忙完这一切，时间已经不早了，他抓起车钥匙风尘仆仆地往学校赶。把孩子接回家后，他为孩子们准备点心和牛奶，督促他们完成功课。与此同时，他还得架起烫衣板熨衣服。下午四点半，他开始准备晚餐。晚饭过后，他又要洗碗，叠衣服，给孩子们洗澡，送他们上床，给他们讲故事。

一天就在忙碌中过去了，他累得筋疲力尽，恨不得倒在床上再也不要起来。然而，他不能抱怨，他还有事要做。

第二天他早早就起来了，他又向上帝祈祷：主啊，我错了，我当初的想法是多么愚蠢啊！求你再发一次慈悲，让我们换回来吧！

这时，万能的上帝发言了，说："我知道你吃到苦头了，可是这次我实在爱莫能助，因为你已经怀孕了，要恢复原来的样子，你还得等上九个月……"

站在老板的立场上去思考，理解老板的苦衷。每个老板都希望自己的员工在自己不在时，还能一如既往地勤奋努力、做好自己的分内事、维护公司的利益。如果你真的站在老板的立场上想问题、办事情，你就不会再为自己的懒惰和敷衍找借口了。

善解人意的人往往受到大家的喜爱和尊敬，这主要是因为他们能以己度人，设身处地地为别人着想，以别人的心境体会生活，这样就在人与人之间搭起了一座沟通的桥梁。

3 做事要知道变通

生活充满变数，我们无法提前预知，但是我们可以为此做出改变。明智的人使自己适应世界，而不明智的人只会坚持要世界适应自己。

通则变，变则久。弹性一些，变通一些，有改变才会有发展，有进步，你的生活才会更精彩、更充实快乐。人只有不断地发展变化，才能够更好地生存。

时代在变迁,工作和生活总是处于不断的变换之中,我们时刻需要变换自己的心态去适应各种变化。同理,不同的客户需求也不一样,要满足不同客户的需要,唯一的办法就是适时做出转变。

万宝路是全球知名度最高和最具魅力的国际品牌之一。据美国"金融世界"的评估,1995 年万宝路以高达 446 亿美元的价值居全球品牌之首。从销售方面来讲,全球平均每分钟消费的万宝路香烟就达 100 万支之多。其实,在今天享有盛誉的万宝路也曾有过低谷的时候,那么它是怎么从一片"废墟"中重新站起来的呢?

万宝路创业早期,主要把消费对象定位在女性身上,并打出了"像五月的天气一样温和"这样的广告语。然而,即使美国拥有大量的吸烟爱好者,万宝路的销量依然不太理想。许多女士抱怨她们鲜红的口红染红了香烟白色的烟嘴,非常不雅观。于是,为了扩大销售,万宝路把烟嘴换成了红色。尽管如此,万宝路女子香烟的命运仍然没能挽回,20 世纪 40 年代初,万宝路停止了女子香烟的生产。

一筹莫展的公司负责人不甘心就这样让万宝路衰败下去,在经过对香烟销售市场的分析评估后,公司决策层决定改变万宝路的品牌定位,并把这一重任交给了当时非常著名的营销策划员利奥·贝纳。利奥·贝纳走马上任后,对万宝路进行了大刀阔斧的改革,使万宝路从内到外完成了全新的蜕变。

一个目光深沉、皮肤粗糙、浑身散发着粗犷、原野、豪迈英雄气概的男子汉,袖管高高卷起,露出多毛的手臂,手指间总是夹着一支冉冉冒烟的万宝路香烟,跨着一匹雄壮的高头大马驰骋在辽阔的草原上。这是万宝路改变品牌定位后,专门为新产品设计的广告。而这个充满男子汉气概的广告,吸引了众多喜爱、欣赏这种气概的消费者,也为万宝路成为国际品牌打开了出路。

(敬告:吸烟有害健康。)

其实,万宝路能够东山再起,原因很简单,只不过是在前路不通的情况下变通了一下而已。

学会变通，是做人做事的诀窍所在。我们每天都会面对层出不穷的矛盾和变化，是刻舟求剑以不变应万变，还是采取灵活机动的变通方式，这取决于你做人做事的态度。

让生活多转个弯，人生不必有那么多的执著，既然前路不通，那就走路边的小径，或许这会让你收获更多的快乐。

4 跳槽不如卧槽

跳槽的前提是具有过人的能力。在对所处环境不满的情况下，人们往往容易做出更换环境和工作的决定。但在没有能力适应更好的环境之前就跳槽，只会使自己的处境更为艰难。

莉娜于2001年毕业后进入某日资银行市场部工作，该银行有着响当当的名号。四轮面试一次通过，莉娜的求职过程很顺利，名牌大学、知名企业，又是热门的行业和部门，薪水也不错，在很多人眼里，莉娜该知足了。刚工作时，莉娜也很知足。可是工作干了一年多，事实让她很失望，她一肚子牢骚："我的专业是日语，而且兼修了经济学，所以当时进日资银行时我觉得挺对口的。但是事实却不然，首先，工作的内容非常单调，完全没有真正起到市场策划、营销的作用。第二，工作环境不好，连一人一台电脑都没有。

"我在银行不过才一年多，也谈不上什么资源积累，现在转行也没什么可惜的。"莉娜心里这么想，所以决定跳槽。于是，她四处托同学、朋友，看看他们能不能帮着推荐一下。很快，经过朋友介绍，她被一家企业咨询公司接受，干的是市场推广的工作。谁料干了还不到一个月，在一次组织聚会的问题上，莉娜就和她的直接上司发生了冲突。冲突完毕，莉娜立马辞职，把老板气得差点晕过去。就这样莉娜在四年之内换了六次工作，其间还有不少时间在寻找工作的路上奔波。因此,工作四年多,莉娜的银行积蓄从来没有超过四位数。而与她一同参加工作的同学、朋友,有好几位都买房购车了。莉娜到这时才明白随便跳槽的害处。

盲目跳槽害人终害己。从表面上看,员工频繁跳槽直接受到损害的是企业,但从更深层次的角度看,员工自己的损失更大。因为无论是个人资源的积累,还是所养成的“这山望着那山高”的习惯,都会使员工价值有所降低。

逃避永远不能解决问题,要三思而后行。人们时常存有抱怨心理,把自身的不满归咎于环境和身边的人身上,总想着换个环境来改变自己的遭遇,却很少从自己身上找原因。殊不知,人际关系的不协调或职场的不如意更多的是由个人因素所致。

不能改变环境,就改变自己。任何工作都是有压力的,都要吃苦,与其抱怨,不如用现有的条件去改变自己,这样才能更好地适应环境,改变自己的境遇。

5　寻找“登天路”与“下楼梯”

工作中不可避免会遇到很多问题,面对问题,只有两条路可供选择,一个是进,一个是退。退很容易,进有难度,有难度怎么办?只能找方法,好的方法是我们登上“青云之巅”的通道,也是架设于优秀与卓越之间的“楼梯”。可以这样说,好方法远要比无谓的努力更为有效,因为它直指问题的要害,能解决最迫切的问题。

美国福特汽车公司是美国最早、最大的汽车公司之一。1956年,该公司推出了一款新车。这款汽车式样、功能都很好,价钱也不贵,但是销路平平,和当初设想的完全相反。

公司的经理们急得就像热锅上的蚂蚁,绞尽脑汁也找不到让产品畅销的办法。这时,在福特汽车销售量居全国末位的费城地区,一位毕业不久的大学生,对这款新车产生了浓厚的兴趣,他就是艾柯卡。

艾柯卡当时是福特汽车公司的一位见习工程师,本来与汽车的销售毫无关系,但是,公司老总因为这款新车滞销而着急的神情,却深深地印在他的脑海里。

他开始琢磨:我能不能想办法让这款汽车畅销起来?终于有一天,他灵光一闪,于是径直来到经理办公室,向经理提出了一个创意,在报上登广告,内容为:“花56元买一辆56型福特。”

这个创意的具体做法是:谁想买一辆1956年生产的福特汽车,只需先付20%的货款,余下部分可按每月付56美元的办法逐步付清。

他的建议得到了采纳。结果,这一办法十分灵验,“花56元买一辆56型福特”的广告人人皆知。

“花56元买一辆56型福特”的做法,不但打消了很多人对车价的顾虑,还给人留下了“每个月才花56元,实在是太合算了”的印象。

奇迹就在这样一句简单的广告词中产生了:短短3个月,该款汽车在费城地区的销售量,就从原来的末位一跃成为全国的冠军。

这位年轻工程师的才能很快受到赏识,总部将他调到华盛顿,并委任他为地区经理。后来,艾柯卡不断根据公司的发展趋势,推出了一系列富有创意的举措,最终坐上了福特公司总裁的宝座。

在公司中,主动找方法解决问题的人总是最受欢迎的。不论在哪儿,只要有这样的人出现,他们就能够像明星一样闪耀。哪怕他们没有刻意追求机会,机会也会主动找上门来。假如你通过找方法做了一件乃至几件让人佩服的事,就能很快脱颖而出,获得更多的发展机会。

方法是提升企业竞争力的关键。要让企业的战略和经营理念落到实处,要提升自己的业绩,我们就要树立方法思维。如果遇到问题人人都能够主动找方法,而不是找借口,那么员工的业绩就会大幅度上升,企业也能从中得到最大的益处。

如果说奋进、拼搏是你行走职场必不可少的"哼哈二将"的话,那么好的方法则是你的"托塔李天王"。它是你须臾不可少的得力助手,能让你拨开迷雾见天日,进而提高你的做事效率,助你创造出非凡的业绩。

6　以科学方法为标尺检验一切行为

科学的方法观,是以正确的方法为指导,抓住一切机遇,谋求新发展,寻找新突破。正确做事,做正确的事,这不仅是一个重要的工作方法,更是一种很重要的工作理念。"做正确的事"强调的是效能,"正确地做事"强调的是高效做事的方法。方法很重要,但是方向更重要。只有方法和方向都正确,就是我们所说的方法观正确,才能确保有一个好的结果。方向没有把握好,方法再好、效率再高,结果只能是南辕北辙。

美国家电大王休斯敦就是一个善于用科学方法处理事情的人。

有一天,休斯敦到一个好朋友彼得家去吃饭。吃菜时,他尝到菜里有一股很浓的煤油味,简直没法下咽。碍于情面,他又不好说什么。彼得不可能吃不出那股怪味道,但他也无可奈何,他新婚的妻子用煤油炉做的饭,那时候大家都用那种炉子,很容易把煤油溅到锅里。他当着朋友的面也不好说妻子什么,只好对着煤油炉抱怨:"这该死的炉子真讨厌,三天两头出毛病,你急用时它偏要熄灭,每次修都弄上一手油……"

最后彼得又若有所思地说:"要是能有一种简便、卫生、实用的炉子就好了。"

说者无意,听者有心。彼得的话对休斯敦的触动很大。

"对呀,为何不生产一种全新的炉具投放市场呢?"有了这一想法后，他开始重新设计自己的人生目标，全身心地投入研制新型的家用电器上。经过不懈努力，他终于在1904年成功地研制出一系列新型的家用电锅、电水壶等家用电器，成了闻名于世的实业家。

科学方法是解决问题的关键，只有方法正确，问题才能够迎刃而解。当我们的工作出现僵局的时候，我们应该停下来检讨一下自己，看看自己的工作方法有没有问题，只要我们找到了科学的方法，所有的问题都可以顺利解决。

休斯敦善于留心生活中的问题，并考虑这些问题的解决办法，才研制出了新型的家用电器。一位优秀的员工在谈到自己的成功经验时说："我之所以能有这样的发展，都源于我凡事愿意找方法解决。"我们在实际工作中也会遇到形形色色的问题，面对问题，我们不能一味抱怨，也不能一味蛮干，要懂得用科学的方法解决问题，开动我们智慧的大脑，以科学发展观为标尺，运用科学方法解决工作中的问题，这样我们在工作中会更加游刃有余。

第十二章　服务力:企业生存和发展的灵魂

我们正在步入一个服务经济的时代。相信每个人都能深刻地体会到,我们的工作、生活与服务越来越息息相关,服务正成为推动社会财富与经济增长的重要动力。企业的竞争力最终是要由一个个员工来体现的,如果每个员工都能提供最优质的服务,那么企业肯定能够战胜竞争对手,一定会拥有越来越多的客户。

1 服务决定企业的生存和发展

一个人要获得成功与幸福，不能缺少服务精神；一个企业要想成功，不能缺少拥有服务精神的好员工。因此，无论我们从事什么工作，都不能缺少服务精神。再平凡的岗位都可以做出不平凡的贡献，只要你的人生观是正确的，你的工作就会有不尽的原动力。取得成功最重要的不是我们的能力大小，而是一个人的道德品质和服务精神。

如果你是一滴水，你是否滋润了一寸土地？如果你是一线阳光，你是否照亮了一分黑暗？如果你是一粒粮食，你是否哺育了有用的生命？如果你是一颗最小的螺丝钉，你是否永远坚守着你生活的岗位……

在工作上，我们需要服务精神，把工作当成自己的职责，做一个有利于公司，有利于顾客的人。只有这样，公司才能得到发展，我们自己的能力才能得以更大的发挥。

一个企业要发展，不能缺少服务精神。今天，一切的成功都必须通过合作来实现，如果我们没有为他人服务的思想，没有助人为乐的精神，只看到自己的利益，是难以获得成功的。一个企业，如果所有的员工都只做自己分内的事情，没有服务精神，这样的企业是没有竞争力的。所有的企业都在努力寻找拥有服务精神的员工，因为这样的员工不仅会把自己分内的事情做的最好，还会把服务当作一种习惯，服务于他人。他们面对任何困难都不会寻找借口，而是自动自发、尽职尽责的完成任务。通常，企业的领导会给具有服务精神的人委以重任。如果你想在公司里获得成功，就必须成为这样的人。

最好的服务是想办法让顾客在接触你的那一刻开始就保持非常好的心理感受，最后让他们情不自禁的因为你的服务而付费，而且下次还会来光顾你，并且还会告诉他认识的人你的服务最好。因此，无论是大企业、小企业还是街头的小摊小贩都需要致力于提供高品质的服务，而且越是小的企业和小的生意，服务精神显得更为重要。

台湾经营之神王永庆把服务精神提到了一个非常高的高度,他说:“一个企业的兴衰成败因素固然很多,但归根结底无非‘人’的问题,一个人的立身处世、做事为人,小焉者关系家庭幸福,大焉者关系国家民族的兴亡,其对于企业之影响亦然。人生以服务为目的,个人所以能够生存是因为旁人给我服务,于是我也需要服务他人。”

英国一公司总裁曾说:提到为顾客服务,这是个最根本的问题。对此无人质疑,我也从未对此有过怀疑。但是,服务,显然是要精益求精地去为消费者服务。

在 IBM 风雨飘摇之际,郭士纳临危受命,他采取的重要措施就是将 IBM 转变成一个以提供专业服务为核心业务的企业。依靠这一转变,“蓝色巨人”起死回生,而且焕发出前所未有的生机。郭士纳进行的是整个企业理念和文化的变革,每个员工也都变成了以专业精神做服务的高手。

一位餐饮业巨擘总结他的成功之道:在其连锁店中提供给顾客的,永远是 17 厘米厚的汉堡与 4℃的可乐。这两个数据是经过反复的研究、调查、试验得来的。是的,连锁店当然也可以提供 20 厘米厚的汉堡和 7℃的可乐,但那一定不是最佳口感——这就是服务。

服务决定企业的生存和发展。如果一个企业缺乏服务精神,那么它一定会失去竞争力。企业必须不断的提升自己的服务力。因为企业的竞争力最终是要通过每一个员工的服务来体现的,而每个员工都能提供最优质的服务,那么这个企业肯定能够战胜竞争对手,拥有越来越多的客户。最终,成为本行业独树一帜的龙头企业!

2　成功源于服务精神

现代社会,要想事业上获得成功,就必须做到:以专业为导向的职业技能,以生存为导向的职业心理素质,以价值为导向的职业观念,以及以服务为导向的职业态度。其核心在于过人的专业技能和服务精神。

在一座海边小城里有两个渔夫。一个叫刘快,一个叫李慢,他们捕鱼的水平不相上下,可是卖鱼的水平却大相径庭。

刘快口齿伶俐,他总能在最短的时间内把鱼卖完回家。他不喜欢帮助顾客把鱼剖好,洗净。他总说,要想卖得快,就要懂得拒绝顾客的无理要求。当顾客要求他剖鱼时,他会说:"鱼要回家杀,杀好了马上下锅才新鲜。我帮您杀了,您再拿回家去就不新鲜了。鱼嘛,就该吃新鲜的,您还是自己拿回家去杀吧。"如果遇到要求送货的顾客,他也会找出理由,加以拒绝。由于他能说会道,即便是拒绝顾客的要求,也不会使顾客觉得难堪,因此,在很长一段时间内,他都能提早卖完鱼回家休息。这让李慢羡慕不已。

李慢是个老实人,他总要临近天黑了,才能将鱼卖完。他总将时间花费在卖鱼的过程中。当顾客要求他杀鱼刮鳞时,他便像摆弄一件艺术品一样,将鱼杀好洗净。在刮鱼鳞的过程中,他喜欢和顾客聊天。他总是热心地告诉顾客,鱼怎样做最好吃。他不懂得拒绝顾客的要求。有时,很远的饭馆要一条鱼,他也会送货……

刘快常常嘲笑李慢,认为他笨,不懂得取巧。

一年过去了。到了第二年夏季,情况发生了变化。刘快等到天黑都卖不完鱼,而李慢却一反常态,他总能提前很多将鱼卖完。更奇怪的是,似乎顾客都很喜欢李慢的鱼。还有人说,李慢卖的鱼比其他鱼好吃。

李慢获胜的秘诀是——专业的服务精神!刘快因为服务差,所以丢失了顾客,失去了市场。

的确,公司存在的目的是赚钱,但赚钱的前提是公司能够满足人某些方面的需要,那么人需要的是什么呢?有人曾说:企业必须记住,没有人再需要其他什么。服务,服务,服务才是关键。公司无论给顾客的是产品还是直接的服务,归根结底就是为顾客提供服务,一个公司的专业精神,很多时候就体现在公司员工的服务精神上!

3 拥有优秀的服务态度

态度对于服务行业来说至关重要，服务态度决定服务质量,而服务质量的高低直接影响着个人的前途和企业的利润。作为服务人员,你必须充分尊重顾客,主动探求顾客的每一项需求,以真心的微笑和热忱的态度去实现每一位顾客的消费乐趣。唯有如此,顾客才会“恋上你的店”,一次次地揣着满口袋的银子上门购买你的服务,令企业蓬荜生辉。

沃尔玛作为世界零售业的龙头老大,成功的因素很多,但其以标准的“十步法则”为特色的微笑服务是取胜的最重要的因素。当顾客走进任何一家沃尔玛连锁店,每个售货员都会向他讲述老板山姆·沃尔顿发明的“十步法则”。“十步法则”已经运用40年了,如今仍是新售货员的必修课。所谓的“十步法则”是说,不管售货员在做什么,当有顾客距离你在十步之内时,都必须微笑面向顾客,主动打招呼,并问:“有什么需要我效劳的吗?”不仅如此,对于微笑,沃尔玛还有细致入微的要求,微笑时必须露出八颗牙。因为如果只露四颗,整个脸就给人一种皮笑肉不笑的感觉,倘若露出十几颗,看上去龇牙咧嘴,有点吓人。只有把嘴张到露出八颗牙齿的程度,一个人的微笑才能表现的最完美。为了让顾客感受宾至如归的亲切服务,老沃尔顿可谓费尽心思、用心良苦。不过,微笑只是让顾客赏心悦目、触动顾客“心跳”的最基本的“风景”建设。微笑服务绝不只是单纯的笑对顾客,它实际上标志的是服务人员的一种竭诚为顾客服务的温馨态度,一种设身处地为顾客着想的态度,一种千方百计为顾客解决问题的态度。

服务态度也是个很有趣的东西,一方面他是看不到的,但另一方面他往往又是消费者十分在意的。况且,每个人心中对于“服务的好坏”都有所不同,不同的个性、不同的环境下,就会产生不同的认同。所以就会产生同样的服务品质,却有不及格与接近满分两种截然不同的情况。

那么,有没有可能创造出所谓"理想的服务态度"呢?

最基本的,就是服务人员每天都必须要能控制自己的情绪。虽然不可避免的,我们每天的生理与心理状态都会因为某些事件的发生而产生变化,但作为服务人员,我们却不能让不好的情绪进而影响服务的品质。否则,顾客将会无所适从,不仅无法招揽新的客户,也会让既有的客户流失。

服务人员只有能控制好自己的情绪,才能有理想的服务态度。服务人员代表的是公司、产品的形象与精神。因此,服务人员在面对客户的时候不应采取事事迎合、只求业绩不求尊严的方式。但也不能过于轻率,眼高于顶,甚至给人不重视的感觉(很多大型企业或是知名品牌的服务人员尤其易犯)。

简单地说,理想的服务态度就是四个字——不卑不亢。也就是既不畏惧自卑、低三下四,又不自大狂傲,放肆嚣张,更要堂堂正正、坦诚乐观、豁达开朗、从容不迫、落落大方、平等待人。

另外,服务应记住一点:顾客一次不买,并不代表终身不买,凡事不要只看眼前,给自己一个服务客户的机会,顾客一定也会还你一个成功销售的机会。

4 服务的黄金法则

服务的黄金法则就是:想要顾客怎样对待你,你就怎样去对待顾客。

著名作家爱默生在他的文章中写道:每一个人都会因他的付出而获得相应的报酬。这句话告诉我们,不管你付出的多寡,你永远会得到与付出相应的报酬。你今天的收入是你过去努力付出的结果。如果你想增加报酬,你就要增加你的贡献。

一个人事业与人生的丰收,都是付出的结果。生命当中最大的满足感,生命当中最喜悦的事情,永远是来自于你对别人所提供的服务之中。

它永远是来自你做了一件好事，或者是对别人提供了什么有价值的事物，而当你越多做一些增加你服务价值的事情，你就会越感觉到你自己快乐，就会获得越多的回报。

在一个寒冷的夜晚，乔拉的汽车在郊区的道路上抛锚了，她是一家花店的老板，已经60岁了。她等了半个多小时，好不容易有一辆车经过，开车的男子见此情况二话没说便下车帮忙。

几分钟后，车修好了，乔拉问他要多少钱，那位男子回答说："我这么做只是为了助人为乐。"但乔拉坚持要付些钱作为报酬。中年男子谢绝了她的好意，并说："我感谢您的深情厚谊，但我想还有更多的人比我更需要钱。您不妨把钱给那些比我更需要的人。"最后，他们各自上路了。

随后，乔拉来到一家咖啡馆，一位怀有身孕的女招待员为她送上了一杯热咖啡，并问："夫人，欢迎光临本店，您为什么这么晚还在赶路呢？"于是乔拉就讲了刚才发生的事，女招待员听后感慨道："这样的好人现在真难得，你真幸运碰到这样的好人。"乔拉问她怎么工作到这么晚，女招待员说为了迎接孩子的出世而需要第二份工作的薪水。乔拉听后执意要女招待员收下200美元小费。女招待员惊呼不能收下这么一大笔小费。乔拉回答说："你比我更需要它。"

女招待员回到家，把这件事告诉了她丈夫，她丈夫大感诧异，世界上竟有这么巧的事情。原来她丈夫就是那个好心的修车人。这故事说明这样一个道理：种瓜得瓜，种豆得豆。我们在"播种"的同时，也种下了自己的将来，你做的一切都会在将来某一天、某一时间、某一地点，以某一方式在你最需要它的时候回报给你。

在报酬法则之外还有另外一种超额报酬法则，也就是说：只要你在提供服务上多下工夫，你的收入一定会增加。永远多走一里路，永远做多于所当作的，当你在不断地付出，不断地付出多于你所当付出的，你就一定会获得倍增的补偿。

在这个世界上，想得到爱，就必须先付出爱，要得到快乐，就必须先献出快乐，你播种终会收获，只问耕耘不问收获的人，没有什么事情做不成，也没有什么地方到不了。

以这个法则去为顾客服务，你会得到双倍的回报，并在公众场合被表现出来。

5 “服”于创新，“务”超所值

创新服务是一种能力的体现，但在大多数情况下，创新所表现出的是一种态度，甚至是坚持一种习惯。超值服务更多的则是指对传统服务观念和服务行为的挑战。

麦肯锡咨询公司曾在全美企业中做过一项调查，调查的对象既有如通用电气、波音、强生等这样的世界级跨国公司，也有名不见经传只有十几个人的小公司，他们所从事的行业与性质也各不同。但调查的结果却是出人意料的相似。90%以上的企业认为，企业发展最关注的问题应该是：品质和服务。接近98%的企业领导对员工最渴望的是：在工作中的创新服务，以及能否提供给顾客超值的服务。

对于创新工作这个概念的解释，目前还没有一个统一的答案。实际上，我们很难简单地以一两句话来说明创新工作的真正涵义所在。创新既是质的飞跃，也是量的变化；既有大的突破，也有小的改革；既有内容的更新，也有形式的变革。好的服务创新意味着创造一群客户、一片市场，意味着更大的商业利益。但是首先，个人要不断地增强创新意识，敢于突破定势思维和老规矩，就一定能够不断开创服务工作的新局面。要知道，这个世界没有什么是不可改变的。

阿基勃特在刚进入美国标准石油公司时只是一个默默无闻的小职员。可是他有一个习惯，就是无论到哪里，每当需要他签名的时候，他都会在名字的下方写下“每桶5美元的标准石油”的字样，出差住旅馆登记、费用签单甚至是书信都是如此。他因此也被同事们称做“每桶5美元”,久而久之,他的真名几乎被人遗忘了。

洛克菲勒知道了这件事之后很吃惊,说:“这名职员在常人眼中的做的这种小事,却给公司做了极大的宣传。”于是,洛克菲勒邀请阿基勃特共进晚餐。后来,洛克菲勒卸任后,阿基勃特成了第二任董事长。

那么,超值服务又是什么呢?管理学家奥雷罗·彼德·杰尔林认为:超值服务就是指超越常规的服务,也就是做到这个国家和这个企业规定的服务之外,自觉地使这种服务无限延伸,超越顾客的要求。这种超值服务,会使顾客深切感受到企业无微不至的关怀,从而使顾客和企业之间建立起友好、融洽的关系。这是对传统服务观念和服务行为的挑战。

公司员工,尤其是销售部门的员工,在服务过程中应充分发挥主动性和积极性,增强工作投入感、责任感。在产品的售前和售后服务过程中要时时与顾客保持联系,当顾客有服务要求时,以最快的速度、在最短的时间内向顾客提供各种服务,努力和顾客建立良好稳定的关系。顾客对为自己提供的服务满意,那么就会把这种超值服务主动推荐给其他顾客,这样企业的顾客就会在超值服务的推动下逐渐增多,最终形成忠诚、可靠的“顾客群”。

有许多人认为,超值服务受益的是顾客,自己并没有什么收获。事实并非如此,超值服务不仅使顾客感受到企业的贴心服务,同时也感染到企业每一位服务人员的愉快心情,因为,每当顾客笑容满面地离去时,都为企业的每一位服务者提供了更完美服务的强心剂,是对自我价值最大的肯定与鼓励,这是比金子还宝贵的力量,比钻石还珍稀的财富。

在一次次的超值服务中,员工会不由自主地把自己和顾客融为一体,从顾客的角度考虑问题,一切为顾客着想。久而久之,顾客在超值服务中与企业的销售人员成为了亲密无间的朋友。此时,你还会觉得自己毫无收获吗?

6 用心服务创造双赢

许多顾客都有经历买卖成立之前，企业对于顾客所有的要求都是理所当然且势必达成的，一旦产品卖出之后，店家及售货员马上得了失忆症，先前的允诺变成空气，消失得无影无踪；这往往让消费者气得跳脚，徒呼后悔。

福特汽车创办人亨利·福特曾说：制造商将产品售出后，是顾客关系的起点，而不是结束。这就是福特公司成功的原因所在。

要在这瞬息万变的社会紧紧抓住商机，进而创造业绩，服务精神无疑是制胜的关键所在。

服务要做到与顾客双赢并非是天方夜谭，只要能多用点“心”要细心、关心、贴心、更要有耐心。时刻关心着顾客要的是什么，比顾客更挑剔的检验产品质量，倾听顾客的问题，做到让顾客感觉贴心，最后再加上些许的新创意，顾客必然成为你最忠实的拥护者。

此外，还要注意不同年龄层的消费者服务差异，以及重视服务所带给消费者的附加价值，让消费者感觉物超所值，这样就能赢得顾客的心、达到自己预期的利润，做到了服务营销与顾客双赢的目的。

一位刚做了母亲的年轻人，买了一家工厂生产的奶瓶杀菌器，由于是初为人母，她不小心把机器的盖子弄坏了，她向这家工厂反映这个情况，但并未要求赔偿。结果不到下午2点，门口就出现了一个好的盖子，并且还免费附送一套杀菌板。即使全是因为顾客处理不当所造成的问题，这家工厂仍然做到了这些服务。无疑地，这位母亲因此一辈子都会是该工厂的忠实顾客，而该工厂这么做，无非也是希望他们继续购买产品，并向有同龄小孩的朋友们宣扬。这就是照顾顾客需求的双赢行为。

北京有一家饭店对顾客的关怀便让人印象深刻。一踏进饭店，不但会收到他们精心烘焙的巧克力饼干，柜台还会在送给你的钥匙卡上填上个人化的“关怀顾客”数字，详细说明全天候有任何需求都可以直接拨打这个分机号码。事实上，这跟拨柜台专线没什么两样，但是对旅客来讲，这就是一个贴心的服务。

可见，与顾客建立双赢并非是“不可能的任务”，只要是有心想要长期经营、坚持最基本的诚信以及懂得倾听顾客的心。将心比心的提供给顾客良好的服务、真诚相待、遵守承诺，顾客的心是很容易被挽留的。

7　真诚让服务增值

真诚是人与人沟通、交往的基础，是维持企业与顾客长久关系的桥梁，用真诚之心服务才能得到顾客的信任，有这样一则小故事可以说明真诚服务的重要性。

一天夜晚，天空突然下起来了瓢泼大雨，风刮得路边的大树摇摇欲坠，正在这时有一对老人来到路边的一家旅馆前台希望住宿。

但是，夜间看守的服务生无奈地告诉老人：“对不起先生，当天的所有客房都已被白天来召开会议的团体订完，如果平时出现这样的情况，我会送你们到另外的旅馆住宿，但我难以想象你们还要再次置身风雨之中，若不介意的话你们可以在我的房间里住宿一晚，尽管它算不上豪华，但却很干净，我今晚值夜班所以可以在办公室里休息。”这位服务生十分真诚地提出自己的建议。

最终，两位老人欣然地接受这个建议，并向服务生致以了谢意。第二天，雨停了，老先生来到旅馆前台准备结账，依然还是那位好心的服务生在值班，他态度温和地说：“昨天晚上您所住的并非是我们旅店的客房，所以您不需要支付房费，不知昨晚您和夫人睡得是否舒服！”老人高兴地说：“你是所有老板最渴望拥有的员工，说不定哪一天我能够为你修建一栋旅馆！”听了老人的话，服务生只是淡淡地笑了笑。

几年后的一天，那位服务生接到了一封来信，信里面提起了那天雨夜里的事情，并且信封内还附有一张邀请函和纽约的往返机票，老人希望他能够到纽约旅行。

当那位服务生到达纽约的曼哈顿后，在第5街与34街的交叉路口见到了邀请他来纽约的老人，一座新修建的豪华旅馆屹立在他们所站立的路口，老人笑眯眯地说道："你看，这就是我专门为你修建的旅馆，我想让你来帮我打理它，还记得我曾说过的话吗？"

听到老人的话之后，那位服务生感到非常震惊，他颤抖地问道："你有何条件？为什么要让我来经营你的旅馆？你的真实身份是什么？"

"不，我并不需要你答应我什么条件。我的名字是威廉·阿斯特，我曾告诉过你，你是我最渴望拥有的员工。"

这座旅馆就是成立于1931年的华尔道夫饭店，它象征着纽约尊贵无比的地位，也是全世界各国政界人士访问纽约住宿的第一选择。那位被选中的服务生就是乔治·波特，正是在他的努力下才奠定了华尔道夫饭店今天的地位。

也许听完这个故事不少人会感叹乔治·波特的幸运，但是否想过为何他会有这样的"好运"呢？我们不可否认，他确实是得到了生命中的"贵人"相助，可这却并非是主要原因。试想一下，如果当初老人遇到的是其他服务生会是相同的结果吗？相信这个问题的答案是显而易见的，老人不是傻子，而是因为乔治·波特真诚的服务之心才做出这样的决定。

真诚，是服务的灵魂，只有用灵魂服务的人才是一个充满活力的员工，才能为客户提供更加满意的服务。

8 完美服务没有止境

追求完美与卓越是每一个希望优秀的员工必备的素质。任何一个人如果没有追求完美与卓越的信念,便不可能拥有真正的成就。

拿破仑,举世公认的军事天才和伟大的政治家,在他开始自己的政治生涯之时,他便立下宏大的心愿,一定要将自己的事业做到完美,要做一个在历史上永远闪光的人,正如他给士兵们所说的一样:“不想做将军的士兵不是好士兵”。每一个人,不管他的地位、现状如何,都应该拥有一颗追求完美和卓越的雄心,如果连这一点都做不到,那么想要有所成就是不可能的。

作为一名员工,你不可能一开始便拥有显赫的地位和雄厚的可利用的资源,但是这有什么关系呢?在每一件你的分内事情上,你都拥有追求和达到完美与卓越的机会,你应该付出自己的全部努力去追求完美的结果。任何一个工作岗位都可以成就完美。有了这种心态,你才会有信念将公司与团队的工作放到最高的目标上去做,才有可能将事业做到一个新的高度。

日本一个大臣的孙女,刚踏入职业生涯的时候,被公司安排去刷马桶。面对这一任务,她面有难色。这时候,她的一个上司站出来对她说:“不要看不起刷马桶这样的任务,任何事情都可以培养一个人卓越的信念。”这位上司卷起袖子亲身示范。他把马桶里里外外刷了又刷,每一个细处都刷得干干净净,累得满头是汗。刷完以后,他从马桶里舀了一杯水,毫不迟疑地喝了下去。大臣的孙女被深深震撼了:原来刷马桶也可以做到如此完美的程度。此后,她以这种精神时时鼓励自己,在每一件事情上都尽心尽力,追求完美。最后,她也成了一名内阁大臣。

很多成功的员工在论及自己的成就的时候,提到的最多的一点首先是在面对任务时,要拥有将任务做到最好的信念。信念的魔力是无穷的。

这种追求完美与卓越的信念对员工个人有着多方面的影响:它将激励你拥有巨大的勇气去面对工作的困难与艰辛;它将提供给你勇气去面对各种各样的挫折和失败。

在一个公司团队中,如何获得同事与主管的信任和尊敬?如何做到对公司团队有真正的贡献和益处?只有一个答案,就是要有追求卓越与完美的激情。现代公司中的竞争越来越激烈,公司之间的竞争也同样如此。因此要想你所在的公司获得最好的市场价值,要想作为员工的你能够在团队中脱颖而出,不做到完美的境界是很难得到这一切的。主管真正欣赏的是能够将任务做到极致的员工。同事之间,真正能够比较的只有谁的工作业绩做到了最好,谁做到了完美的状态。

每一个员工都希望把自己的工作做得更好,都希望通过自己的努力来增加收入,提升职位,获得认可。没有人愿意一事无成,也没有人想在自己的工作中找不到实现自己价值的台阶,就退步或者是离开。

成功源于付出,源于更好地为他人提供服务。所以我们不但要做最好的员工,也要做更好的员工。

其实,服务不只是一门技术,更是一门艺术,它也正如艺术一样,永远没有最好,只有更好。因为艺术无止境,所以,我们要以追求艺术的态度来追求完美的服务。

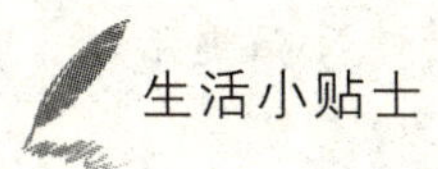

让人长寿的七个“坏习惯”

长寿是个更古不变话题。说到长寿，大家都想到的是生活好习惯，可谁也没有想到，生活中一些坏习惯也能让我们长寿，不信，请往下看！

1. 合理发怒有益血压

没错，生气会让人血压上升。但美国卡内基梅隆大学的研究发现，在压抑的情况下恰当地以愤怒回应，血压不但会维持正常水平，制造压力感的激素——皮质醇的分泌量也会相应减少。心理学研究表明，愤怒让人多了一份积极的心态和掌控感；该出手时不出手，畏缩不前、极力克制内心情绪，压力激素反而会骤升。长此以往，心脏病就会“盯上你”。

2. 电子游戏帮你锻炼

谁说玩电子游戏让人变胖？美国迈阿密大学的科学家们发现，人在玩电子游戏时，心率加快、呼吸急促，身体因此消耗更多的能量。阿莱特。佩里博士认为，如果不能参加真正的体育锻炼，玩游戏也能帮着减肥，至少比傻坐在沙发上，吃着薯条看电视好，但前提是玩的时间不能太长。

3. 说点粗话缓解疼痛

说粗话是被人不齿的坏习惯，但却有缓解疼痛的好处。心理学家理查德·斯蒂芬博士认为，说粗话和肾上腺素的调节作用有关，它加重了人的侵略倾向。研究表明，一个人越想侵犯别人，他对痛越不敏感。我们的祖先在没有麻醉药的情况下接受外科手术时，嘴里都会咬块木板，其实他们完全可以破口大骂，减轻痛苦。

4. 偷点小懒助你长寿

公共健康专家皮特·亚科斯特说，天天早起，忙忙碌碌的人可能过早地“钻进坟墓”。不时地偷个小懒，不仅能减轻工作压力，还是长寿的关键。研究表明，中午小憩片刻比打网球更有助长寿。老人总是跑步锻炼反而会消耗本来用于细胞再生或抵抗疾病的能量。心理专家称，就算躺在家里做白日梦，那也是大脑在处理重要的信息，你的思维反而更活跃。

5.短期压力增强记忆

长期的生活压力，如离婚等，能破坏人的免疫系统，让人容易感染。但布法罗大学的研究发现，短期的紧迫性事件能提升大脑的学习能力和记忆力。这是因为，压力激素影响大脑主管情感和学习能力的部分区域。压力剧增会使传递信息的物质——谷氨酸盐的传播速度加快，从而增进记忆力。

6.逃避家务能防过敏

有研究认为，过敏性疾病和自身免疫性疾病的暴发都是因为现代社会太干净了。但是罪魁祸首不仅仅是灰尘。布里斯托尔和布鲁内尔大学的调查表明，孕期或产后的妇女经常使用清洁设备，孩子7岁以前易患哮喘的几率会升高41%。因为一些室内清洁剂释放的化学物质会严重损害儿童的呼吸道。

7.吵闹音乐激发脑力

参加摇滚派对，调高音乐的音量都有助于激发大脑的活力。英国曼彻斯特大学的研究发现，人内耳里的球囊只对超过90分贝的音量敏感。而球囊和大脑处理性、快乐和饥饿感的区域相连。如果通过高分贝音乐的刺激使这些欲望得到满足，我们内心就会非常平静、幸福。不开心时，可以用高分贝音乐激发你的“快乐激素”。